KB049966

파놉티콘
PANOPTIQUE

파놉티콘
PANOPTIQUE

제러미 벤담 지음

·

신건수 옮김

책세상

일러두기

1. 이 책은 제러미 벤담Jeremy Bentham의 영어판 《파놉티콘Panopticon》(1791)을 벤담
   과 에티엔 뒤몽Etienne Dumont이 함께 축약·번역한 프랑스어판 《파놉티콘—감시 시
   설, 특히 감옥에 대한 새로운 원리에 관한 논문Panoptique : Méoire sur un nouveau
   principe pour construire des maisons d'inspection, et nommément des maisons
   de force》(Paris : Imprimé par ordre de l'Assemblée nationale, 1791)을 온전히 옮긴
   것이다.
2. [ ]는 독자의 이해를 돕기 위해 옮긴이가 보충한 것이다.
3. 주는 모두 옮긴이주다.
4. 주요 인명과 책명은 처음 한 번에 한해 원어를 병기했다.
5. 단행본, 잡지는 《 》로 표시하고 논문, 단편, 일간지는 〈 〉로 표시했다.
6. 맞춤법과 외래어 표기는 1989년 3월 1일부터 시행된 〈한글 맞춤법 규정〉과 《문교부 편
   수자료》, 《표준국어대사전》(국립국어연구원, 1999)을 따랐다.

파놉티콘 | 차례

　　우리는 우리 시대의 삶에 익숙해 있다. 일정한 나이까지 학교에서 교육을 받으며 자동화 시스템을 갖춘 직장에서 일하고 약속된 신호등 불빛에 따라 보행한다. 그런데 이러한 모습이 정착된 것은 역사상 그리 오래되지 않았다. 그리고 이런 변화에 적응하는 과정 역시 그리 쉽지만은 않았다.

　　사회가 변화하는 과정에는 변화 동력이 필요하며 변화 후에는 이를 정착시키는 체계가 필요하다. 이러한 의미에서 영국의 사상가 벤담Jeremy Bentham의《파놉티콘Panopticon》은 18세기 말, 사회 변화를 가능하게 했던 직접적이기도 하고 숨겨지기도 한 많은 내용들을 압축적으로 보여준다. 공리주의자로 잘 알려진 벤담은 사회적 이익을 창출하기 위해 노력했으며 이에 적합한 새로운 사회 시스템을 만들려고 했다. 또한 그는 법률학자로서 사회적 이익을 추구하는 가치 안에서 법이 집행되기를 바랐으며, 자유방임 자본주의자로서는 이익이 모든 가치 중 으뜸이 되는 사회를 꿈꿨다.

그런데 벤담이 구상한 파놉티콘은 감금 시설에 대한 계획이다. 그는 왜 감금 시설을 구상한 것일까? 감금 시설과 산업화는 어떤 관계에 있는가? 벤담 등의 사상가와 정치가들은 왜 감옥 건축 계획을 수립했고, 당시 건축가들은 왜 그토록 최상의 감옥 모델을 만들기 위해 노력했는가?

근대 이전의 감옥, 특히 앙시앵 레짐Ancien Régime(프랑스혁명 이전의 구체제 시기) 시기에 감옥은 처벌을 하기 위한 수감 시설이 아니었다. 단지 재판의 결과를 기다리거나 형벌을 받기 위해 일시적으로 대기하는 장소였다. 그래서 주로 빛이 들지 않는 지하에 공간을 마련했다. 이후 산업혁명을 거치면서 감금 시설에 수용하는 처벌이 생겨났다.

새로 등장한 감옥은 과거의 감옥을 계승하는 것이 아니라 구호 시설과 관계된다. 빵 한 조각을 훔친 죄로 19년 동안 수감되었던 장 발장(빅토르 위고의 《레 미제라블》의 주인공)처럼 산업사회에서는 먹을 것을 훔치는 등의 경범죄는 예전과 달리 묵인되지 않았다. 범죄를 저지른 자들은 정신적 문제를 지닌 사람, 즉 올바른 정신을 갖도록 교화해야 할 대상으로 간주되었다. 방랑자나 거지 등을 수감했던 구호 시설은 점차 그들에게 자본주의의 질서를 교육하는 장소로서 기능하기 시작했다. 고립된 곳에서 그들이 근대적 삶을 익히는 것, 특히 노동에 익숙해지도록 하는 것이 당시 사회가 바라던 것이었다.

당시 감옥에 대한 규정은 무척 혼란스러워서 감옥이 곧 구호 시설이고 구호 시설이 곧 감옥이기도 했다. 이는 두 시설 모두 수감자를 교정하는 곳으로 여겨졌기 때문인데, 18세기 말에 와서야 이 두 시설의 분리가 중요한 문제로 대두되었다. 이처럼 근대 감옥은 과거의 감옥과 연속선상에 있는 것이 아니라 사회 변혁의 흐름 속에서 발명된 것이다. 그리고 이러한 감금 처벌의 생성 과정에서 어떤 입장을 취하느냐에 따라 정파가 나뉘기도 했고 종교적으로는 정신을 치료하는 방식에 대한 논쟁이 난무했으며 건축에서도 새로운 건축 프로그램으로 다양한 감금 시설 모델이 쏟아져 나왔다. 파놉티콘은 이러한 시기에 등장했다.

이러한 맥락에서 볼 때 벤담이 왜 새로운 사회 모델로 감옥을 선택해 실험하려 했는지는 분명하다. 파놉티콘은 감옥 계획으로만 끝나는 것이 아니다. 벤담은 이 계획이 모든 시설로 확대되기를 바랐다. "이 원리는 다행스럽게도 학교나 병영, 즉 한 사람이 다수를 감독하는 일을 맡는 경우에 적용할 수 있다."(70쪽) 즉 벤담에게 파놉티콘은 사회의 모든 곳에 적용되어야 할 모델인 것이다.

따라서 파놉티콘은 공리주의와 초기 자본주의 이론을 완벽하게 구현할 수 있는 건축물로 평가받고 있다. 이는 널리 알려진 시각 메커니즘, 즉 공간을 재배치해 감시자는 수감자를 볼 수 있으나 수감자는 감시자를 보지 못하는 것만이 아니라, 수감자를 꼼짝달싹 못하게 하는 치밀한 운영 방식이나 당시 중요한 논리 중 하나인 노동 가치를 교정, 생산 이익과 완벽하게 결합시켰기 때문이다. 한마디로 파놉티콘은 당시의 사고가 집약된 건축물인 것이다.

이 책을 번역하면서 1791년에 출간된 프랑스어 판본을 대본으로 삼았다. 알다시피 벤담은 영국인이며 영어로 글을 썼다. 그런데 파놉티콘에 대해 영어로 저술된 두 편의 글, 21통의 편지로 구성된 《파놉티콘 혹은 감시의 집*Panopticon or the inspection-house*》과 설계 등 건축의 실행에 대해 자세히 설명하고 있는 《파놉티콘 추가본 1·2*Panopticon Postscript, Part 1·2*》가 있음에도 프랑스어 판본을 선택한 이유는 다음과 같다. 영어 판본은 양이 방대하고 글의 구성이 산만하며, 당시의 건축 설비 기술에 대한 전문적인 언급이 많아 적절하지 않다고 판단했기 때문이다. 반면 프랑스 국회에 제출한 벤담의 건축 계획안인 프랑스어 판본 《파놉티콘》은 프랑스에 파놉티콘을 건설하기 위해 친구인 뒤몽Etienne Dumont과 함께 영어판을 축약, 핵심적인 내용만 담고 있어, 벤담의 표현처럼 본인이 직접 설명하러 갈 필요가 없도록 작성된 글이다. 물론 이 책을 옮기면서 필요한 부분은 영어 판본을 대조하여 참고했다.

《파놉티콘》은 파놉티콘의 목적과 건축을 설명한 전반부와 그 운영·관리 방식에 대한 설명인 후반부로 구성되어 있다. 해제에서는 파놉티콘과 그 다양한 의미에 대한 이해를 돕기 위해 사회·역사적 배경을 다루었다. 특히 마지막에는 프랑스의 철학자 푸코Michel Foucault의 파놉티콘 분석을 소개함으로써 독자들의 심도 있는 이해를 돕고자 했다. 18세기 말의 감옥에 관한 부분은 유럽 역사에서도 그다지 다루지 않는 분야이며 한국에 소개되지 않은 점을 감안해 가능한 한 자세히 설명했다. 역사에 익숙하지 않은 독자라면 해제를 먼저 읽고 본문을 보는 것도 한 방법일 것이다.

푸코는 근대 감옥이나 파놉티콘을 '인간 정신사의 일대 사건', '정치질서의 콜럼버스의 달걀'이라고 표현했다. 그는 1975년 《감시와 처벌Surveiller et Punir》을 출간해 파놉티콘을 세상에 다시 드러냈다. 그리고 이를 매개로 19세기 근대사, 즉 겉으로 드러나지 않아 쉽게 파악할 수 없으며, 요약할 수 없는 두터운 근대를 다루었다. 근대 감옥이 처벌보다는 인간의 정신을 다루려는 기획에서 등장한, 과거의 방식과는 단절된 하나의 사건이라면, 파놉티콘은 당시에 있던 이런 사고를 가장 극명하게 드러내는 건축 장치다. 오늘날에도 파놉티콘의 변종들은 도처에 있다. 대표적으로 학교를 들 수 있다. 그리고 최근에 급속도로 그 영역을 확장해가는 전자 감시까지 파놉티콘은 다양한 형태로 오늘날에도 존재하고 있다. 그러나 다른 여러 목적들과 결합되어 잘 드러나지 않는 가장 아래 층위에 숨은 인간 정신을 다루는 전략을 드러낸다는 점에서 파놉티콘은 당시의 사회를 설명하는 데에만 유용한 것이 아니라 현재에도 여전히 중요하게 다룰 만한 가치가 있다.

이 책은 파놉티콘 연구의 출발점이자 대문의 역할을 할 뿐이다. 이후 파놉티콘에 대한 연구, 더 나아가 꼬리를 물고 이어지는 지적 탐사는 독자의 몫이다.

이 책의 출판을 가능하게 해준 책세상과 번역에 도움을 준 모든 사람에게 고마움을 전한다.

옮긴이 신건수

제러미 벤담이
프랑스 국민의회 의원
가랑에게 보내는 편지

처음 편지에서 약속했듯이, 조만간《파놉티콘》[1]이라는 영어 책을 보내드리겠습니다. 그리고 이 편지와 함께 친구[2]가 정리한 이 책의 프랑스어 요약본도 같이 보냅니다. 우선 [프랑스] 의회에 존경을 표하며, 이 글이 의회에서 검토되도록 당신이 관심을 가져주었으면 합니다. 이 일을 부탁할 사람은 당신밖에 없습니다. 만일 저에게 조언을 해주신다면 기꺼이 받아들이겠습니다. 파놉티콘 계획안을 알고 있는 사람들이 보내준 일치된 지지는 저에게 깊은 확신을 주었으며, 이를 알리는 데 결코 소홀함이 없도록 해주었습니다. 프랑스는 아무리 새로운 생각이라도 그것이 유용하다면 대대적으로 받아들여서 주시하며 국가 행정 모든 분야에 모델로 삼는 나라이고, 당신에게 보내는 이 계획안에 최고의 기회를 줄 나라입니다. 당신은 제가 이러한 개혁적 계획안의 중요성과 성공에 대해 어떻게 확신할 수 있었는지 궁금하시겠지요? 이 모델을 가지고 감옥을 건설하도록 해주십시오. 그리고 저를 간수로 임명해주십시오. 당신은 이 논문을 통해 이 간수[벤담]가 급여를 바라지 않는다는 것을, 그리고 국가가 돈을 지불할 필요가 없다는 것을 알게 될 것입니다. 생각에 생각을 거듭할수록 이 계획은 발명자인 제가 처음으로 실행해야 한다고 판단됩니다. 이런 생각에 동의한다면 저의 바람에 반대하지 않을 것입니다. 이것이 망상으로 여겨질지도 모르나 제 책은 실행에 필요한 내용을 정확하게 담고 있습니다. 그리고 퐁트넬Bernard Le Bovier, sieur de Fontenelle[3]이 말한 가정교사처럼, 제가 [설명하기 위해 직접 프랑스에] 갈 필요가 없도록 최선을 다했습니다.

1791년 11월 25일 런던 도버 가에서
당신의 소박하고 진정으로 충실한 봉사자
제러미 벤담

파놉티콘—감시 시설,
특히 감옥에 대한
새로운 원리에 관한 논문[4]

여러분,5

만일 다수의 사람에게 일어나는 일을 모두 파악할 수 있는, 그리고 우리가 원하는 방식으로 이끌 수 있도록 그들을 에워쌀 수 있는, 그들의 행동과 [인적] 관계, 생활환경 전체를 확인하고 그 어느 것도 우리의 감시에서 벗어나거나 의도에 어긋나지 않도록 할 수 있는 수단이 있다면, 이것은 국가가 여러 주요 목적에 사용할 수 있는 정말 유용하고 효력 있는 도구임에 틀림없다.

예를 들면 교육은 학생을 둘러싼 전체 환경의 결과물이다. 한 인간의 교육에 주의를 기울이는 것은 바로 그의 행동 전부를 관찰하는 것이다. 이를테면 어떤 사물들에 둘러싸이게 하는가, 그리고 어떤 생각을 하게 할 것인가를 선택해서, 우리가 원하는 대로 영향을 미칠 수 있는 위치에 그를 놓는 것이다.

그런데 어떻게 하면 단 한 사람이 다수를 완벽하게 감시할 수 있는가? 어떻게 하면 많은 사람이 한 사람에게 집중할 수 있는가? 만일 단 한 명이 관리하는 것처럼 빈틈없이 업무가 진행된다면, 관리자들에게 일관되게 업무 지시를 하거나 감시체계를 보완하는 조치는 더 이상 필요 없다.

우리는 새롭고도 유용한 이 아이디어가, 현재까지 많은 사람을 모아서 이뤄낸 힘을 능가하는 감시 권력을 단 한 사람에게 줄 것임을 확신하게 될 것이다.

여기에는 벤담이 매우 단순한 원리를 적용함으로써 이를 해결했다고 판단하는 현안이 있다. 그것은 감옥이다. 장점이 많은 이 원리는 적용 가능한 어떤 시설보다 입법 기관에서 가장 먼저 관심을 갖게 하는 특징이 있다. 중요성, 다양성, 어려움, 이것이 바로 이 원리를 적용하는 데 있어서 [감옥에] 우선권이 있는 이유다. 같은 원리를 연속적으로 다른 시설에 적용하기 위해서는 그가 요구한 까다로운 주의사항 중 몇 개만 없애면 될 것이다.

감옥을 완전하게 개혁한다는 것은 죄수들이 바른 행동을 하도록 교화를 보장하고, 지금까지 신체적·정신적 타락으로 오염된 건강과 청결, 질서, 근면을 확고하게 하며, 비용을 감소시키면서도 공공의 안전을 견고히 하는 것이다. 그리고 간단한 건축 아이디어로 이 모든 것을 이루려는 것이 바로 이 글의 목적이다.

우리[벤담과 뒤몽]가 여러분에게 소개하는 이 글은 대중에게 공개된 적 없는 영어 원본에서 가져온 것으로, 이 원리를 사용하는 방식의 효율성이나 특징을 판단하는 데 충분할 것이다.

감옥은 어떠해야 하는가? 자유를 남용한 사람에게서 자유를 박탈해 수감하는 것은 그들이 또 다른 범죄를 저지르지 않도록 하고 다른 사람들에게는 범죄로 빠져들지 않게 하는 본보기가 되어야 한다. 게다가 수감자들이 자유로워졌을 때 사회를 위해서도, 그들 자신을 위해서도 불행해지지 않도록 품성을 개선하는 교화 시설이다.

감옥 가운데 관리가 가장 엄격한 곳인 쇠사슬을 채우는 감옥이나 지하 감옥은 단지 수감자들을 가두는 기능만 한다. 야만스러운 무관심으로 인해 개혁을 이룰 가망이 없기 때문에 일반적으로 감옥의 개혁은 무시되어왔다. 이러한 상황에서 그나마 있던 몇몇 노력은 적절한 성과를 올리지 못했다. 그리고 어떤 계획은 상당한 비용이 필요했기 때문에 실현되지 못했다. 한편 사도로서 살았고 순교자로서 죽은 관대한 하워드John Howard[6]는 이런 불행한 운명에 대해 대중적인 관심을 일깨웠고 여러 국가의 무관심 속에서 만들어진 온갖 [감옥 내 관리자들의] 부패를 드러내는 데 헌신했다. 그럼에도 불구하고 현재까지 감옥은 쇠쾨하고 끔찍한 거주지이자 온갖 범죄의 학교이며 비참한 사람들이 밀집해 있는 공간이다. 또한 감옥을 방문하는 등의 인류애적인 행위는 두려움에

떨면서 할 수밖에 없다. 왜냐하면 [그곳을 방문한 많은 사람들이] 종종 죽음의 희생을 치렀기 때문이다. 그리고 감옥에서 일어나는 불공정한 처사는 여전히 은폐되어 있다.

이 상황에서 어떻게 새로운 질서를 만들어낼 수 있는가? 어떻게 새로운 질서를 세우면서 타락하지 않도록 보장할 수 있는가?

감독inspection : 여기, 질서를 세우고 보존하기 위한 유일한 원리로서 새로운 감시 방식이 있다. 이것은 감각보다는 상상을 자극하며 그 감시 테두리 안에서 항상 어디든지 존재할 수 있는 단 한 사람에게 수백 명의 사람을 맡긴다.

1. 파놉티콘의 건축

여러분에게 제안하는 감옥maison de pénitence[7]은 원형 건물이다. 어쩌면 이것은 한 건물 안에 다른 하나를 넣은 두 채의 건물이라고 말하는 것이 나을지도 모르겠다. 감옥 둘레에는 둥근 모양의 6층짜리 바깥 건물이 있다. 이곳에 죄수들의 수용실이 배치된다. 수용실 내부는 두껍지 않은 쇠창살로 되어 있어 한눈에 [안을] 볼 수 있으며, 수용실[8]은 문이 안쪽으로 열린다. 각 층에는 좁은 복도가 있으며, 이 복도는 하나로 통해 있다. 각 수용실의 문은 이 복도로 나 있다.

중앙에는 탑이 하나 있다. 그곳에 감독관들이 머문다. 이 탑은 3층으로 나뉘어 있다. 각 층은 수감자 수용실들을 2층씩 내려다보도록 구성되어 있다. 또한 감시탑은 바깥을 환히 내다볼 수 있는 발로 가려진 복도로 둘러싸여 있다. 이 장치[발]로 인해 감독관들은 [수감자들에게] 잘 보이지 않으면서 수용실 전체를 구석구석 감시할 수 있다. 결과적으로 좁은 공간에서 3분의 1의 수감자를 한눈에 볼 수 있어 쉽게 전체를 살필 수 있다. 이러한 경우 감독관이 자리에 없더라도 [이를 확인할 수 없는 수감자들은 감독관이] 있다고 여겨 실제로 자리에 있는 것 같은 효과를 낸다.

각 수용실과 감시탑은 흰색 철관으로 연결되어 있어서 감독관은 큰 소리를 내거나 직접 가지 않더라도 수감자들에게 공지를 하거나 작업을 지시하며 [그들 스스로] 감시받는다는 것을 느끼게 할 수 있다. 그리고 수감자들이 감독관들에게 대항할 가능성을 제거하기 위해 탑과 수용실 사이에는 반지 모양의 우물 즉 빈 공간이 있어야 한다.

이 건물은 중앙의 한 점에서 각 수용실을 볼 수 있는 형태로 된 하나의 벌집과 같다. 자신을 드러내지 않는 감독관은 마치 유령처럼 군림한다. 이 유령은 필요할 때는 곧바로 자신이 존재한다는 증거를 드러낼 수 있다.

이 감옥의 본질적인 장점을 한 단어로 표현하기 위해, 진행되는 모든 것을 한눈에 파악할 수 있는 능력을 의미하는 파놉티콘 panoptique/panopticon이라고 부를 것이다.

2. 파놉티콘의 본질적인 장점

파놉티콘의 본질적인 장점은 너무 분명하지만, 이를 증명하려는 것은 오히려 그 장점을 모호하게 할 수 있다. 끊임없이 감독관의 감시 아래 놓여 있다는 것은 나쁜 일을 할 수 있는 능력과 그러한 것을 하고 싶어 하는 생각 대부분을 사실상 없애버린다.

이 계획의 여러 주요한 장점 중 하나는 수감자들뿐만 아니라 하위 감독관, 즉 온갖 하급 관리원[9]들을 수감자들만큼 감시할 수 있다는 것이다. 감시 책임자가 보는 동안에는 수감자들과 하급 관리원들 사이에 아무런 문제가 발생하지 않을 것이다. 일반적인 감옥에서는 간수에게 괴롭힘을 당하는 수감자가 간수의 상급자에게 도움을 청할 방법이 전혀 없다. 수감자는 무시당하고 멸시받더라도 고통을 감내할 수밖에 없다. 그러나 파놉티콘에서는 책임자의 눈이 어디에나 존재하기 때문에 하급 관리원의 은밀한 압제나 괴롭힘은 있을 수 없다. 마찬가지로 [수감자도] 간수를 모욕하거나 공격할 수 없다. 따라서 상호 간의 과오가 예방되며 그에 따라 처벌도 줄어든다.

이것만이 전부는 아니다. 파놉티콘의 원리는 상급 감독관이나 행정관, 재판관이 해야 할 일들을 매우 용이하게 해준다. 현재의 감옥에서는 고급 관리자들은 일상적인 생활의 우아함이나 취미, 청결함과는 거리가 먼 매우 혐오스러운 직무만을 수행한다. 지금까지 만들어진 감옥 중 가장 잘 건축된 감옥의 경우에는 [수감자를] 여러 감방에 나누어 수감하기 때문에 행정관은 모든 문을 일일이 다 열어야 하며 전체 수감자들과 일일이 만나서 같은 질문을 반복해야 하고 죄수 몇백 명을 단순히 훑어보는 데도 며칠이 소비된다. 그러나 파놉티콘에서는 감옥 안의 모든 것을 볼 수 있어서 행정관이 일일이 [감방을] 들여다보지 않아도 된다.

감옥을 방문하는 것을 혐오하는 근본적인 이유는 지독한

악취, 즉 수감자들의 역한 냄새다. 그래서 [누구라도] 방문을 회피하게 되어서, 감옥이 비참할수록 수감자들에게서 고통이 줄어들 것이라는 희망은 줄어든다. 기존의 방식으로 세워지는 감옥에는 위험과 불쾌감만 지속될 뿐이다. 악취는 왜 생기는가? 무엇 때문에 끊임없이 악취가 나는가? [이제] 우리는 이러한 감옥에서도 쿡 선장의 배[10]나 네덜란드의 감옥[11]만큼 청결할 수 있다는 것을 곧바로 [이 계획(파놉티콘)을 통해] 알게 될 것이다.

또한 일반적인 감옥에서는 행정관이 예기치 않게 방문한다거나 방문 후 가능한 한 빠르게 움직일지라도 항상 실상을 은폐할 만한 시간이 있다. 한곳을 조사하는 사이 다른 곳에서는 적당한 조치를 취한다. 즉 [행정관의 방문을] 미리 알려주고 수감자들을 협박해서 필요한 대답을 하도록 강요할 시간이 있다. 반면 파놉티콘에서는 행정관이 들어오자마자 [숨길 시간도 없이] 전체가 한눈에 펼쳐진다.

게다가 감시에 적당한 이 원리는 다양한 동기에 자극 받은 호기심 많은 사람들, 여행객, 수감자의 친구나 부모, 감독관의 지인, 감옥의 간수가 아닌 관리자 등[감시탑의 감시자로 추가된 사람이면 누구든지]을 통해 실행될 것이다. 이들 추가된 감시자들은 [수감자들만이 아니라] 감옥 책임자가 하급 관리원을 감독하는 것처럼 책임자를 감시할 것이다. 이 거대한 공공 위원회는 이러한 시설[감옥]들에 계속 주의를 기울이고 파악함으로써 [감시 체계를] 완벽하게 할 것이다.

3. 파놉티콘의 세부 사항

영어판은 파놉티콘을 건설하기 위해 필요한 모든 상세한 사항을 구체적으로 다룬다. 저자[벤담]는 이러한 건물을 완벽하게 하기 위한 다양한 방식을 찾아 끊임없이 연구해왔다. 건축가에게 자문을 구하기도 했고 많은 병원의 실험 사례를 참조하기도 했으며 최근의 발명들을 도면에 적용하는 것도 소홀히 하지 않았다. 이러한 노력의 결과인 파놉티콘의 건축 단위unité[12]와 독특한 형태는 건축과 경제의 여러 가지 원리를 완전히 새롭게 발전시킬 것이다. 그러나 이러한 내용은 책 한 권 분량의 이 글에는 포함시키지 않았다.[13] 왜냐하면 파놉티콘의 계획을 판단하는 데 필수적이지 않기 때문이다. 기본적인 원리에만 동의한다면 건축 방법에 대해서는 바로 동의하게 될 것이다.

여기서는 이 책에서 새로운 시스템[파놉티콘]의 훌륭한 유용성을 알기 위해 살펴봐야 할 몇 가지 중요한 사항을 추려 보여줄 것이다.

첫째는 내부의 음모나 외부의 악의적인 공격에 대비한 감옥의 안전에 관한 것이다. 내부의 안전은 감시의 원리, 수용실의 형태, 감시탑의 독립성, 통로의 협소함에 의해 완벽하게 확립된다. 그리고 수감자들이 탈출이나 폭동을 생각조차 할 수 없도록 하는 새로운 방식의 수많은 사전 대비를 통해서도 보장된다. 탈출이나 폭동이 불가능하다는 것을 알게 되면, 그러한 의도조차 생기지 않는다. 결국 수감자들은 자연스럽게 자신의 처지에 순응하게 되고 이 강요된 굴복은 점차 기계적인 복종으로 연결된다.

외부에 대한 안전은 갑작스러운 폭동이나 대중 동요에 대비하기 위해 감옥을 요새화함으로써 확고해진다. 이 요새는 [내부에서 스스로] 위험하게 하지 않는다면 대포를 제외한 모든 것을 막을 수 있다. [이에 대한] 세부 사항은 책의 원본을 보내야 할 만큼 많다. 그러나 여기서는 하나의 새로운 아이디어에 주의를 기울일 필요가 있다. 파놉티콘의 입구에 있는 긴 도로에 방호벽을 설치하면 감옥이 공격받을 때 [수감자들이] 이 전투와 연루되지 않고 머물 수 있는 피난처로 사용할 수 있다. 그래서 방호벽은 감옥과 바깥 세계를 분리하는 도로를 넘어오려는 나쁜 의도를 지닌 사람들이 있을 경우에 감옥을 보호하면서 무자비한 학살의 위험을 피하고 범죄자들과 함께 무고한 사람들이 처벌되는 것을 막을 수 있다.

게다가, 반복해서 말하지만, 정확히 말하면 감옥[파놉티콘]을 성공적으로 공격한다는 것 자체가 불가능하기 때문에 이 건물은 절대로 공격받지 않을 것이다. 인간은 이러한 공격이 사전에 봉쇄되기를 바란다. 하지만 [감옥 시설 등의] 사법적 수단이 미비하다는 것이 표면화되어 법의 파괴자들이 범죄에 대해 오만함을 갖게 되면 [이 오만함은] 경솔함, 잔인성과 결합한다.

교회당의 설계도를 설명하기 위해서는 긴 묘사가 필요하다. [그러나] 파놉티콘에서는 일요일마다 [복도 둘레를 가렸던 발을 걸음으로써] 감시탑이 개방된 교회당이 된다. 이로써 외부 사람들의 출입이 허용되고, 내부 수감자들은 수용실 내에서도 신부가 집전하는 예배를 보거나 들을 수 있다.

[영어판의] 저자[벤담]는 자신의 주장에 대해 제기될 수 있는 이의, 즉 수감자들을 일요일에 오는 외부인들의 시선에 노출하고 굴욕감에 시달리게 하는 것은, 정신 교화라는 목적에 방해가 될 수 있다는 문제에 대해 이렇게 답한다.

이 이의 제기는 드러나는 만큼 그리 큰 것이 아닐 수 있다. 왜냐하면 수감자와 분리된 관람객들의 관심은 특정한 개인에게 있지 않다. 한편 각 수용실에 갇혀 있으면서 일정한 거리에 있는 수감자들은, 관람객들에게 보이는 대상이 되기보다는 눈앞에 보이는 [사람들이 자유롭게 예배하는] 광경을 꿈꾸게 된다. 게다가 수감자들에게 마스크를 나누어주는 매우 쉬운 방법도 있다. 물론 범죄 자체는 부끄러움에 노출되어야 하지만, 수감자의 자존심을 상하게 해서는 안 된다. [파놉티콘의] 수감자들은 [예배당에서] 모욕감 때문에 비통해

하지 않을 것이다. 방문객에게는 이러한 광경이 주는 [범죄에 대한 두려운] 인상이 약화되기보다는 오히려 견고해질 것이다. 이러한 특성을 지닌 장치에 너무 어두운 이미지를 부여하지 않는다면 그 자체로 보는 이의 상상을 자극해 강력한 본보기의 대상이 될 수 있다. 이러한 표상들로 인해 이 감옥은 범죄에 대한 공포를 각인시키는 하나의 도덕 극장un théâtre moral이 된다.

이러한 시각에서 여러 교육 방식 중 공포가 가장 뛰어난 본보기가 된다는 것은 분명 기묘하다. 종교 재판은 성대한 행렬과 상징적인 복장, 과장된 장식 속에서 이루어지면서 [공포를 통해] 상상을 자극하고 영혼에게 말을 함으로써 비밀스러운 진실을 발견해왔다. 형벌을 내리는 재판 위원회에서 가장 중요한 사람은 이 극장 효과를 교묘하게 구성하는 책임자다.

주제를 파놉티콘으로 되돌리면서 잊지 말아야 할 것은, 이것이 수감자들이 공공의 눈과 만나는 유일한 기회라는 것이다. 방문객은 분명 감독관처럼 보이지 않는다. 그렇다고 해서 수감자들이 이러한 시선 때문에 무례하게 군다거나 수치심이 무감각해지지 않을까 걱정할 필요는 없다.

공공 교회는 본보기의 역할을 하는 감옥에서 가장 중요한 부분에 속한다. 게다가 [일요일마다 오는 외부 사람들은] 청결함과 건강 그리고 파놉티콘의 양호한 관리와 관련된 전체

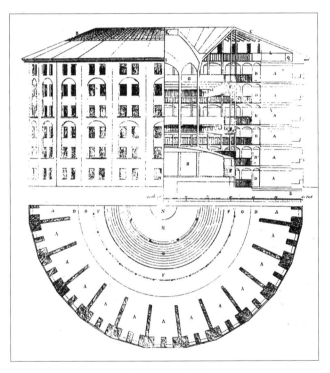

〈그림 1〉 파놉티콘 도면

규정을 감시하는 확실한 수단이기도 하다.

파놉티콘 건설에서 자재는 화재나 위험에 대비하여 가장 안전한 것들로 선택한다. 즉 가능한 한 모든 부분은 철로 만들고 나무는 사용하지 않는다. 돌이나 벽돌로 되어 있는 수용실 바닥도 회반죽으로 채울 것이다. 회반죽으로 틈을 없애면 오물이나 병원균이 침투할 수 없고 불에 타지도 않는다.

하워드는 감옥의 수많은 단점을 어떻게 개선해야 할지는 알지 못하면서도 수용실에 창문을 설치하는 것만은 반대했다. 왜냐하면 벌판의 전경은 일하는 수감자들의 시선을 그곳으로 돌려놓기 때문이다. 그는 차라리 다가갈 수 없는 하늘을 향해 이들의 시선을 열어두고 눈과 비를 피할 수 있는 나무 천창을 내는 것을 고려했다.

그는 감옥이 위험해질 수 있다는 이유로 수감자들에게 불을 주지 않고 의복만 바꿔줌으로써 [추위나 더위 등] 계절의 변화에 대비하도록 했다.

하지만 파놉티콘에서는 창문의 수를 늘린다. [그러나 문제가 되지 않는 이유는] 대비책이 많이 있어서 수감자들의 탈출을 걱정하지 않을 뿐만 아니라, 설사 감독관의 눈을 피해 탈출하더라도 다시 [방호벽과 같은] 매우 튼튼한 장애물 더미를 많이 건너야 하기 때문이다. 창문이 늘어나면 수감 생활에 필수적인 위로가 될 뿐 아니라 여러 가지 노동에 필요한 빛을 제공하는 산업 수단이 되기도 한다. 그리고 수용실의 천장을 개방한다고 해서 날씨 변화의 영향에서 벗어날 수 없다면 [수감자의] 건강을 위해서라도 천장 개방을 포기해야 한다.

인간에게서 자유를 빼앗는다는 것은 추위의 고통을 겪게 하거나 악취를 들이마시게 하는 따위의 벌을 내리는 것이 아니다. [기존의] 감옥에서 난방을 하기 위해 사용하는 난로는 영어본에서 지적한 대로 여러 가지 단점이 있다. 그러나 적은 비용으로도 각 수용실에 열기를 전달하고 신선한 공기를 제공하는 관을 만들 수 있다. 이처럼 인류애를 바탕으로 고려하면 수감자들은 끊임없이 일을 할 수 있기 때문에 경제적이기도 하다.

또 다른 관은 수용실에 물을 공급한다. 이는 내부 서비스를 위해 고용되는 많은 인력을 절감하게 하며 수감자는 간수의 악의나 소홀함 때문에 겪는 고통을 없앨 수 있다.

여기서 파놉티콘 건설에 관한 전반적인 서술을 마치고자 한다. 일반적인 감옥에서는 충족시킬 수 없거나 종종 무시된 많은 사항들에까지 확대된 저자의 관심을 모두 보여주기 위해서는 전체를 번역해야 할 것이다.

[새로운 감옥을 건설하는 데] 가장 큰 문제는 파놉티콘 원리를 어느 정도로 완벽하게 적용할 수 있는가다. 이를 위해서는 일상생활에서 매순간 수감자들을 분산시켜야 하는데, 이는 수감자를 분할된 공간에 가두면 가능하다. 이 방법에는

해결해야 할 문제가 여러 가지 있는데 저자는 [이것에 대해] 모든 해답을 제시하고 있다. 이 부분은 원칙적으로 건축가와 관련된다. 한편 이 건물의 내부 관리에 관한 것은 전적으로 법률가의 영역에 속한다. 이것이 이 논문의 두 번째 부분의 주제다.

두 번째 부분—
파놉티콘의 관리에 대하여

감옥 관리의 어려움 중에서도 대표적인 것은 다양한 견해들을 조율하는 것이다. 왜냐하면 모든 사람이 각각 다양한 입장에 따라 가혹하거나 관대한 조치를 적용하려 하기 때문이다. 어떤 사람은 범죄를 저지르고 감옥에 갇힌 수감자가 감정을 지닌 존재라는 것을 잊어버린다. 또 어떤 사람은 그들이 처벌을 받고 있다는 사실 이외에는 아무것도 고려하지 않는다. 그리고 어떤 사람은 감옥의 규율과 관련한 모든 사안에 대해 비인간성을 규탄하지만 어떤 사람은 수감자의 비참함을 완화하는 작은 즐거움조차 모두 제거하고 싶어 한다.

[감옥에] 적용하기에는 여전히 불확실하고 상반된 의견들이 너무나 많이 남아 있기는 하지만, 적어도 문제가 무엇인지 밝힐 수 있으며 서로 이해하도록 토론할 수 있는 몇 가지 근본적인 원칙들을 제시하고자 한다.

무엇보다 이러한 제도가 수행해야 하는 목적에 대해 간략하게나마 상기할 필요가 있다. 즉 고통의 본보기를 통해 범죄 모방 불식, 수감 기간 동안 수감자의 무례함 예방, 수감자 사이의 예의 유지, 수감자의 거주지 청결과 건강 관리, 탈옥 예방, 석방 후 생계 수단 마련, 필요한 교육, 올바른 습관 형성, 부당한 대우에서 보호, 처벌의 목적에 위배되지 않는 한도 내에서 복지 제공 그리고 이러한 모든 것은 경제적인 방식으로, 성과 지향적인 행정 방식으로, [앞에서 말한 것과 같은] 대중 감시하의 관리 책임자나 그 책임자의 지배 아래 고용인들을 두는 내부적인 감시 종속방식으로 이루어져야 한다는 것이다. 이렇듯 감옥 시설은 다양한 목적을 수행해야 한다.

　감옥에 대한 계획은 지나친 가혹함이나 관대함 혹은 모든 것을 포기하게 하는 과도한 비용 청구로 흐르는 경향이 있다. 다음의 세 가지 원칙은 이러한 다양한 오류를 피할 수 있는 방식에 관계된 것이다.

고통 완화의 원칙
　장기간의 강제 노동을 선고받은 수감자의 일상적인 상황이 건강 혹은 생명에 해를 끼치거나 치명적인 신체적 고통을 동반해서는 안 된다.

엄격함의 원칙
　[수감이라는] 모욕적인 처벌을 당하는 것이 가장 불우한

계층의 사람만인 것은 아니다. 그렇다고 해서 생활, 건강, 신체적 편안함 외에, 수감자에게 죄 없고 자유로운 가난한 사회 구성원보다 더 좋은 조건을 제공해서는 안 된다.

경제성의 원칙

생활, 건강, 신체적 편안함, 필요한 교육, 수감자의 미래 소득 외에, 경제성은 관리에 관한 모든 대상 중에서 가장 먼저 고려되어야 한다. 공공 비용을 지출해서는 안 되며 어떤 목적을 위해 가혹함이나 관대함을 이용해서도 안 된다.

고통 완화의 원칙은 가장 견고한 근거들에 의해 세워졌다. 감옥이라는 비밀스러운 곳에 수감된 죄인의 건강이나 생활을 가혹하게 통제하는 것은, 본보기로서 정당한 처벌이라는 수감의 주요 목적과는 분명한 거리가 있다. 게다가 이 가혹 행위는 오랫동안 지속되므로, 감금은 법률 위반의 측면에서 더 엄격하게 다루어야 할 다른 형벌보다 더 가혹한 처벌이 된다. 그래서 재판과는 반대로 경범죄를 지은 사람이 [감옥에 감금됨으로써] 더 큰 처벌을 받는 경우가 나타난다. 따라서 감금은 [처벌이라고] 이름 붙여지지는 않았지만 가혹 행위를 통해 수명을 단축하므로 주요한 처벌들과 같은 역할을 한다.[14] 만일 실행 권력[감옥 관계자]이 법률적으로는 허락되지 않았음에도 가혹한 처우를 함으로써 수감자의 삶을 위태롭게 한다면 살인죄를 범하게 된다. 반대로 만일 법률이 이러한 가혹 행위를 승인한다면 수감자에게 사형을 선고하지는 않았지만 순간적인 고통이 아니라 몇 년 동안 지속되는 끔찍한 고통 속에서 죽게 하는 것이다. 또한 이러한 고통을 받는 수감자들은 자신들의 과오에 대해 벌을 받는 것이 아니라 가혹한 처우에 견뎌낼 수 있는 자신들의 강한 체력이나 능력에 따라 처벌을 받는다는 결론이 도출된다.

[그렇다고 해서] 엄격함의 원칙이 덜 중요한 것은 아니다. 죄 없는 사람들의 일반적인 조건보다 더 좋은 상황을 죄인에게 제공한다면 불행하거나 가난한 사람들에게는 수감 처벌이 오히려 유혹이 될 것이며, 적어도 죄를 범하고자 하는 사람의 간담을 서늘하게 해야 하는 처벌의 특징을 잃게 된다.

그 자체로도 항상 중요한 경제성의 원칙은, 특히 감옥 개혁에 반대하는 사람들이 제기하는 주요한 이의들을 일소하기 위해서 매우 중요하다. 간단히 말해서 초과 비용의 문제다. 즉 이 [파놉티콘] 시스템에 비용을 절감하는 많은 특성이 있다는 것을 밝힐 필요가 있다.

그런데 어떻게 경제성을 보장할 수 있을까? [감옥 내의] 공방이나 공장 자체에서 경제성을 창출할 수 있게 운영해야 한다. 공공 공장들이 방치되거나 도난당하기 일쑤인 데 비해, 사설 공장들은 사적 이익을 지키기 위해서 번성하고 있다. 따라서 감옥의 경제성에 주의를 기울이고자 한다면 사적 이익에 맡겨야 한다. 이 문구가 핵심이며 이에 대해서는 자세한 설명이 필요하다.

1. 계약에 의한 관리와 신뢰에 의한 관리의 비교[15]

다지 두 종류의 관리 방식만을 선택할 수 있다. 즉 계약에 의한 관리와 신뢰에 의한 관리다. 계약에 의한 관리는 정부와 계약한 사람에 의한 관리 방식으로, 관리자가 수감자 인원만큼만 책임을 지고 수련생을 둔 장인처럼 사적 이익을 위해 수감자의 시간과 작업을 조정한다. 신뢰에 의한 관리는 한 개인이나 한 위원회에 의해 이루어지며 공공의 비용으로 이 시설을 유지하고 수감자의 생산물을 공공의 재산으로 돌리는 것이다.

이 두 가지 중에서 선택하려면 다음 몇 가지 질문을 검토하는 것으로도 충분할 것이다. 어떤 방식이 이러한 특성의 시설 속에서 [관리자들이] 자발적으로 좀 더 집중하고 열정적으로 [수감자들을] 일하게 만들 것이라 기대할 수 있는가? 어떤 관리가 더 많은 성과를 기대할 수 있고 어떤 관리가 성과를 기대할 수 없는가? 어떤 선택이 [경제적] 손실을 가져오며 어떤 선택이 손실 없이 이익을 가져오는가? 어느 방식의 이익이 수감자들이 바른 행동을 하는 데 적당한가? 어떤 선택이 지속적으로 꾸준한 급료를 보장하는가? 아니면 어떤 것이 관리하기에 더 적절하거나 적절하지 못한가?

경제에는 두 가지 주요한 적이 있다. 즉 공금 횡령péculat과 태만négligence이다. 신뢰에 의한 관리는 계속해서 위태로운 일에 노출된다. 그러나 계약에 의한 관리는 태만하지 못하게 하며 공금 횡령을 불가능하게 한다.

[신뢰에 의한 관계에서] 이해관계가 없는 관리자들이 자신의 지위에서 해야 할 의무를 다하지 않을 것이라고 말하려는 것은 아니다. 물론 권력, 새로움, 명성에 대한 애정이나 공적 정신과 온정은 이들의 열정을 북돋우거나 관심을 갖게 하는 동기가 된다. 그렇다면 이와 다른 원리하에 있는 계약에 의한 사업자의 경우 동기가 유발될 수 없는가? 새로운 동기가 주는 부담이 다른 동기들로 인한 효과를 파괴하지 않을까? 권력에 대한 애정은 잠에 빠지는 것을 피할 수 없으나 금전적 관심은 결코 잠을 자지 않는다. 공적 정신은 느슨해지며 새로움은 사라져버린다. 그러나 금전적 이익에 대한 관심은 시간이 지남에 따라 점점 치열해진다.

이해관계가 없는 관리자들이 절대로 죄를 짓지 않으며 공금 횡령도 하지 않고 지나친 태만에 빠지지도 않는다는 것에 동의한다고 가정해보자. 이들이 개인적으로 노력한 만큼 대가를 얻는 사람들처럼 경제적 결과나 노동의 성과에 관심을 가질까? 좋음과 나쁨은 비교를 나타내는 상대적인 용어다. 관리가 매우 잘되거나 생산적으로 보인다고 할지라도 손에 들어온 이익을 보고 나서야 칭찬할 만한 것인지를 판단할 수 있다. 이것이 바로 진정한 선택 기준이다. 관리는 겉보기에는 나쁜 관리 방식일지라도 성취한 결과를 보면 상대적으로 좋을 수 있다.

이것이 전부는 아니다. 다시 말해 사업자들과 달리 이익을 [개인적으로] 갖지 않고 이해관계가 없는 관리자들은 그들의 의무를 이행하든 이행하지 않든 간에 단지 봉급에서 즐거움을 느낀다. 물론 봉급은 그 지위를 차지하는 데 많은 동기를 유발한다. 하지만 열심히 자신의 자리를 보전하는 것만이 진정한 동기는 아니다. 왜냐하면 자신의 일과 이익 사이에 있어야 하는 필연적 관계가 없기 때문이다. 봉급이 더 많아질수록 사람들은 자신의 지위보다 더 높은 곳으로 오르려고 하며, 즐거움과 사교계의 한가운데로 다가가려 하고, 자신을 비천하고 사소해 보이게 하는 일을 싫어하게 된다. 봉급이 충분하다면 공공의 일을 하는 사람은 우선 모든 일을 하도록 파견할 대리인을 찾는다. 그런데 이는 책임자에게 부여된 임무가 아니라 단지 책임자가 대리인에게 [자신의] 일을 전가하는 것뿐이다. 무능력한 사람들 사이에서 직위를 선택하게 할 경우, 고액의 급여는 위험한 결과를 초래한다. 풍부한 일자리는 널리 이름이 알려진 음모자들의 먹이다. 이 음모자들은 궁정에 있는 신하가 아니라 [구체적인 임무를 부여받은]

각 관료 대신이나 대신의 시종이다. 재물로 인해 부패한 이 응석받이들의 공적이란 직책이 있는 동안 자신들의 필요에 따라 호사스러운 생활을 하며, 자신들의 재능이 모자라는 만큼 일에 대한 열의보다 오만함이 더 크다는 것이다.

우리는 틀림없이 명예와 공공의 이익을 위해 욕심 없이 봉사하고자 하는 관리자들을 만날 수 있을 것이다. 그러나 이들이 봉급을 받는 것보다 더 열심히 일한다고 해도 사업가보다는 덜 노력할 것이다. 지위의 권력과 권한을 사랑한다는 것이 업무의 피곤함이나 [그로 인한] 짜증까지 늘 좋아할 수 있음을 의미하지는 않는다. 또한 일자리가 독창적이라는 이유로 화려하게 빛나는 동안 그 일을 좋아한다면, 독창성이 사라졌을 때도 그 일을 좋아할 것이라고 보장할 수 없다. 게다가 이익에 대한 열정이 없는 곳에서는 일에 대한 활력이 계속해서 줄어들 수 있다.

[금전적] 동기가 없는 관리자에 반대하는 중요한 이유는 인간이 신뢰를 보장받으면 받을수록 신뢰를 얻을 만한 일에 노력하는 데 소홀해진다는 것 때문이다. 관리의 핵심이 강한 애착이라면, 적절한 표현인지 모르겠지만, 관리의 지속적인 안정을 보장하는 것은 투명함이다. 그런데 전체를 주의 깊게 조사하는 염려 많은 감독관이 없다면 투명함은 충분하게 확보될 수 없다. 계약에 의한 사업자의 경우를 살펴보자. 이들 각각은 집착 어린 의심을 가지고 지켜보면서, 수감자들

에 대한 학대나 괴롭힘[이 생산 이익을 내는 데 악영향을 미칠 것]을 우려해 형사처럼 가까이에서 감시하게 된다. [수감 상태의] 온갖 결점은 과장될 것이고 모든 오류는 더 크게 드러날 것이다. 그런데 [금전적] 동기가 없는 관리자는 [일에 대한 애착 대신에] 관대함에 매혹되어, 모든 사람이 자신에게 맹목적인 평가와 무한한 공경을 나타낼 것이라고 기대한다. 그는 덕행의 고귀함에 대해서 "개인적 욕심 없이 봉사하고 금전을 무시하며 신뢰와 존경을 받을 권리를 지니고 있는 사람을 몇 가지 혐의를 가지고 명예를 손상시킨다든가 이익으로 보상받게 하는 것은 그 명예를 더럽히는 일임에 틀림없나"고 내중에게 밀힐 것이다. [그는 또한] 대중도 이 말에 동의할 것이며, 만일 누군가가 감히 그에게 남용이나 태만을 언급한다든지 관대한 관리를 모욕한다면, 그것은 단지 [그 사람을] 반대하기 위한 비열한 외침일 뿐이[라고 생각할 것이]다.

[어느 시설이건 간에] 여러 사람에게 맡겨진 관리의 불편함은 약간의 경험이라도 있는 사람들에 의해 이미 알려졌다. 계획의 통일성을 파괴하는 관리자들이 늘어나면 여러 조치에 대한 지속적인 혼란을 야기하고 의견 불일치를 가져오며 관계자 사이의 길고 힘든 전투 후에 가장 강하고 고집불통인 사람만이 전장의 승리자로 남게 된다. 그런데 만일 [계약에 의한 관리에서처럼 감옥을 감독관과 사업자 사이에 두고]

권력을 공유할 수 있다면 관리자들은 자신의 영역에서 각각 절대자가 되려고 타협하게 된다. 마치 자연이 의사의 부주한 부분을 치료하는 것처럼 암묵적 계약은 관리 위원회 안에서 법의 결점을 보완하게 된다.

모든 일이 이루어진 후에, 이론적으로는 관대함과 덕행에 항상 매료되어온 대중은 공금 횡령을 해서 1,000리브르[16]를 번 사람보다, [정직하지만] 부주의에 의해 5만 리브르를 손해 본 사람을 더 좋아할 것이다. 그들은 사업자의 손에 수감자들을 맡기는 계획을 비인간적이며 야만적 폭리라고 외칠 충분한 이유를 가질 것이다. 또한 [감옥을 사업자의 손에 맡기는 것은] 부실한 음식을 제공하고 초과 업무를 부과하며 자신의 욕심을 채우는 지배자들의 부당한 대우 속으로 불행한 사람들을 내모는 것이라고 생각할 것이다. 보라! 여기 이러한 것들은 근거 없는 주장이다.

이렇게 훌륭한 인류애적 표현 속에서 수감자들은 지금까지 세상 모든 존재 중에서 가장 불행했다. 그것은 [기존의 관리자들이] 규정대로 하는 것에 만족하기 때문이다. 수감자의 이익과 운영자의 이익이 동일시되는 수단을 찾아낼 때까지 이러한 규정들은 앞으로도 계속 쓸모없을 것이다. 우리는 결국 계약에 의한 사업자의 관리를 통해서만 성공할 수 있다.

[사적 이익의 사업과 인간애를 연결하는 사례의 하나로서] 생명 보험은 다양한 방식으로 적용할 수 있는 훌륭한 발

명품이며, 특히 한 사람의 이익이 여러 사람의 생명 보존과 결합한다는 점에서 유용하다.

300명의 수감자를 가정해보자. 감옥 거주자들을 특별한 환경으로 들어가게 하면서 평균 나이를 계산해본다. 예를 들어 매년 20명 중 1명이 죽는다고 산정해보자. 죽게 될 사람들에 대하여 당신은 10리브르의 영국 화폐를 사업가에게 낸다. 즉 현재의 가정에 따르면 [1년에 15명이 죽을 가능성이 있으므로 사업자가 받을 돈은] 150리브르가 된다. 반면 사업자는 실제로 죽거나 탈출하여 사라진 각 죄수에 따라 10리브르를 연말에 당신에게 지불할 것이다. 사업가의 이익을 늘리기 위해서 보험 금액을 두 배로 올릴 수도 있다 [그러면 사업가는 최대한 수감자의 생존에 적합한 환경을 만들기 위해 더 노력한다.] 즉 연말에 사업자가 더 부유하게 되면 [죽음과 탈옥을 막아서] 이른바 인간 생명을 보호하게 된다면, 어떤 돈이 다수의 복지와 생명 보존을 위해 소비하는 돈보다 아깝지 않을 수 있을까?

저자가 말하기를 '나는 실제 효과가 있더라도 이렇게 계산하기 쉬운 이익에 기반한 이 단 한 가지 수단에 의존하지는 않는다'. 무엇보다 [대중에게] 공개하는 것이 [사업자를 감시하는] 모든 장치 중에 가장 확실하다. 파놉티콘 원리에 따라 지어진 이 감옥은 모든 것이 투명하고 모든 사람에게 열려 있다. 말하자면 한눈에 전체를 볼 수 있다. 방문한 사람들은 각각 자신의 입장에서 사업자가 계약 조건들을 잘 수행하고 있는지를 판단할 수 있다. 그리고 대개 엄격하기보다는 동정하는 경향이 있는 대중은 사업자의 설명보다 수감자의 불평을 더 잘 듣는 특성이 있기 때문에 사업자는 희망하는 특권을 가질 수 없다.

대중적 인정을 높이기 위해 모든 결산이나 일의 진행 방식 그리고 관리의 상세한 내역, 한마디로 감옥의 모든 내용을 공개해야 할 것이다. 이러한 보고는 서약 아래 이루어지고 반박 조사가 시행될 것이다.

또한 정상적인 방식의 일반적인 조건하에서는 한 사람에게 평생 동안 사업권을 보장함으로써 그가 부정한 이익과 거리를 두게 해야 한다. 왜냐하면 [감옥의 책임자(혹은 국가)가 새로운 계약을 통해 더 많은 이익을 얻기 위해] 농장의 가치를 높이거나 경쟁자들을 불러들이려고 모든 수익 수단을 광고하여 현 사업자에게 불리하게 이용하는 것은 신중하지도 정당하지도 않기 때문이다.

그런데 우리는 계약 사항들이 우선은 정부에 불리함에도 불구하고, 사적 이익을 좇아 이 회사들을 개선하게 함으로써 정부에 더 유리하게 될 것임을 분명히 알게 된다. 사업에 종사하는 사람은 정당한 수익을 올리고 국가는 이후의 모든 계약에서 이익을 꾀할 수 있기 때문이다.

지금까지 계약에 의한 관리가 다른 관리 방식보다 얼마나 더 많은 주의를 기울이고 경제성을 약속하는지를 보여주었다. 다음은 이러한 감금 시설의 내부 통제에 대한 다양한 검토로 넘어갈 것이다.

2. 성별 격리

우선 이 구분을 실행하기 위해 추천하는 방식은 두 개의 파놉티콘을 세우는 것이다. 그러나 경제성의 논리는 전체 수감자 중 여성이 3분의 1이 안 되는 상황에서 성별에 따라 독립적인 건물을 세울 필요는 없다. 두 성별의 균형을 맞추기 위해 잉여분을 [다른 쪽에] 메우지 않는다면 상대적으로 한쪽은 너무 적게 다른 쪽은 너무 많이 수용할 수밖에 없다.

영어판에서는 파놉티콘 한쪽에는 남성 수용실을 다른 쪽에는 여성 수용실을 배치해 이 문제를 해결하는 방안과, [공간] 구조와 감독과 규율을 통해 질서를 위협하는 것을 어떻게 미리 알고 대비할 수 있는지에 대해 자세하게 분석한 것을 볼 수 있다.

3. 범죄 등급과 무리[17]별 격리

지금까지 가장 어려운 것은 감옥 내부에 수감자들을 배치하는 방법이었다. 가장 일반적인 방식인 전부를 함께 수감하는 것은 모든 점에서 많은 문제를 가진다. 늙은 사람과 젊은 사람, 살인자와 도둑, 중범죄자와 채무자[18]를 함께 수감하는 것은, 반만 썩은 것이 완전히 썩은 것에 의해 공격받게 하는 것이며, 공기의 더러움이 건강에 해를 끼치는 것보다 더 위험한 정신의 오염이 양심에 해를 끼치는 하수구 속 같은 감옥에 이들을 던져버리는 것이다.

수감자가 많이 모여 있는 감옥에서 끊임없이 발생하는 소문, 소란함, 소동 등 온갖 광경을 보면, 반성이 이루어지거나 회개가 씨를 뿌리고 결실을 맺을 순간을 만들지 못하리라는 것을 알게 된다. 이러한 군집이 적지 않게 영향을 미치는 또 다른 결과는 수감자들이 수치심에 단련되는 것이다. 수치심은 우리와 같은 보통 사람에게서 유발되는 비난에 대한 두려움이다. 그런데 범죄자 사이에서 범죄가 비난받을 수 있는가? 그들 사이에서 누가 자신을 욕할 수 있는가? 함께 사는 것이 강요된 그들 사이에서 누구든 적보다 친구를 만들려고 애쓰지 않겠는가? 우리를 둘러싼 사회는 여론이 규칙과 원칙으로 사용되는 사회다. 이 방식에서 격리된 사람들은 대중과 자신을 별개로 구분한다. 그러면서 그들 사이에서는 언

어와 습성이 서로 닮아간다. 모르는 사이에 버림받은 사람들 중에서 암묵적인 합의를 통해 우두머리가 만들어진다. 왜냐하면 이런 사회에서는 가장 타락한 자가 가장 용감하며, 가장 악독한 사람이 다른 사람들에게 악독하기를 강요하기 때문이다. 감옥 밖의 일반 대중이 이러한 방식으로 구성되면 다른 대중에게 엄청난 비난을 받고, 결국 자신들의 결정[즉 타락하거나 악독한 사람이 우두머리가 되는 방침]을 깨버린다. 이 테두리에 갇힌 사람이 많아질수록 조용한 사람들이 점점 더 시끄러워지고, 그 혼란 속에서 양심의 유약한 속삭임이나 더 이상 들을 수 없는 기억 속의 여론과 더 이상 알 수 없는 사람들의 평가를 다시 얻어야겠다는 의지를 더욱 쉽게 저버리게 된다.

이것과 정반대의 방식은 정신적 오염에서 수감자 각각을 완전하게 떼어놓기 위해 완벽히 고립시켜서 반성이나 회개에 몰두하게 하는 것이다. 그러나 수많은 수감자들을 관찰했던 훌륭하고 공정한 하워드는 이 절대적 고립solitude absolue 이 당장에는 효과적인 결과를 만들어내지만 그 효율성은 빠르게 사라질 것이며 불행한 수감자를 절망과 광기와 무감각한 상태로 빠뜨릴 것이라고 보았다. 텅 빈 영혼이 스스로 몇 달, 몇 년 동안 번민하도록 남겨졌을 때 기대할 수 있는 다른 결과가 있는가? 반발심을 순화할 수 있는 며칠 동안만 회개가 유효할 뿐이다. 그러나 더 연장할 수 없다. 기나피皮, quin-

quina나 안티몬antimoine[19]은 일반적인 음식에는 사용할 수 없다.

오랫동안 절대 고립 상태에 놓이게 하는 것은 정당하지 않을 뿐 아니라 인간 본성에도 위배된다. 이는 아주 중요한 경제성이라는 이유를 들어서도 논박할 수 있다. 즉 절대적 고립에는 막대한 건축 비용이 지출된다. 그리고 채광과 청결 유지, 환기에도 그 비용이 배가된다. 또한 개인 수용실[독방]은 공간이 너무 제한적이어서 두세 명도 공동 작업을 할 수 없기 때문에 작업 선택의 여지가 축소된다. 마찬가지로 이 방식은 숙련된 기술자에게서 도제 교육을 받게 할 방법이 없을 뿐 아니라 고립에 의한 의기소침은 무리에 의해 이루어지는 공동 노동에서 발생하는 활력과 경쟁심을 파괴함으로써 작업에 영향을 미친다.

제3의 시스템은 수용실을 크게 만들어, 곧 언급하겠지만 나이와 특성을 고려해 가장 적당한 방식으로 두세 명이나 네 명까지 수용하는 것이다.

파놉티콘의 설계는 수감자 간의 음모나 반란에 대비해 안전성을 충분히 확보하므로, 수감자들이 공동 작업을 위해 모이는 것에 두려움을 가질 필요는 없다. 왜냐하면 여기에는 탈출을 가능하게 하는 여지가 전혀 없으며 그것을 아예 불가능하게 하는 데 관련된 수단들만 많기 때문이다.

우리는 이 사회[파놉티콘]를 경험이 많은 사람들의 악랄한 술책 속에서도 덜 사악한 사람들이 완전히 교화되는 범죄[개선] 학교라고 부르게 될 것이다.

그런데 우리는 [수감자들을] 나이나 범죄의 정도, [감옥 생활에서] 드러나는 악랄함의 정도와 적응력, 회개의 흔적에 따라서 다양하게 나눌 경우의 어려움을 예상할 수 있다. 만일 감독관이 수감자들의 특징을 파악할 시간이 없다거나 감옥 사회에서 상호 억제와 종속 관계와 작업의 동기[경쟁]를 이끌어내기 위해 수감자들끼리 어울릴 최소한의 시간도 주지 않는다면, 그 감독관은 어리석거나 무관심한 것이 틀림없다.

[수감자들이 자신들을 분류하는] 이러한 것을 몇 마디 말로 자진해서 하도록 내버려두지는 말아야 한다. 수감된 사람은 모두 죄인이다. 그러나 모두가 악랄한 것은 아니다. 예를 들면 방탕은 폭력과 똑같지 않다. 소매치기나 협잡꾼처럼 단지 소극적 타락의 행동만을 하는 방탕한 자들은 [폭력적인 자들과는 달리] 감옥의 안전을 위협하거나 대담하게 자신들의 작업들을 손상하기보다는 충고를 하는 사람이나 [말로써] 타락시키는 사람의 기질에서 더 두려움을 느끼기 때문이다. 가난이나 모방의 유혹으로 한번 범죄에 빠져든 사람은 냉혹한 죄를 저지른 사람과 다르다. 따라서 많은 경범죄의 원인인 음주벽[을 지닌 범죄자들]은, 기를 펼 수 없는 감옥에서 [일반적인 범죄자들과 함께 있어서는] 교육될 수 없다.

이러한 본질적인 차이와 별도로 우리는 곧 품성을 개선하고 새로운 습관을 들이는 데 뛰어난 [감옥의] 배치를 갖게 된다는 것을 인정하게 될 것이다. 그리고 모든 관찰은 수용실의 적절한 조합과 수감자 무리를 만드는 데 사용될 것이다.

이러한 기본적인 대비 후에는 무엇을 조심해야 하는가? 방탕? 그런데 감시의 원리가 이것을 불가능하게 만든다. 분노나 싸움? 전체를 볼 수 있는 눈은 초기의 움직임을 알아채고 융화할 수 없는 성격을 가진 자를 미리 분리하게 한다. 타락시키는 자가 [감옥에서] 범죄를 저지르는 것은 위험하지 않다고 말할 것인가? 반박의 근거는 상황 자체에 있다. 타락시키는 자가 쾌락[20]에 마음이 이끌려 그림을 그릴 수 [있는 것처럼 범죄를 저지를 수] 있을까? 그러나 쾌락은 이미 꺼져버렸고, 타버린 재에서 출구를 찾는 것처럼 처벌은 과거의 기억, 현재의 고통, 미래의 전망에 대한 생각 속에 있다. 범죄에 부끄러운 것은 없다고 말할 것인가? 그러나 그들은 모욕감에 빠져 있고 각자를 지지해주는 두세 명의 동료만이 있을 뿐이다.

가장 본질적이고 위안이 되는 화제는 그들 스스로에게서 드러난다. 즉 그들의 현재와 미래 상태의 개선이다. 그들이 자신의 노동력을 더 많이 활용하려면 어떻게 시작해야 하는가? 일밖에 할 수 없고 다른 생각을 품는 것이 불가능한 현재 상황에서 이들이 얻을 수 있는 것은 무엇인가? 각각의 수감 기간이 끝났을 때 자유를 어떻게 사용하게 해야 하는가? 각자의 일을 어디에 적용할 수 있는가? 이득을 축적하는 사람들은 다른 사람의 경쟁심을 유발할 것이다. 이들을 범죄에 빠져들게 했던 것이 일시적인 이득이었던 만큼 이득은 또다시 그들이 좋은 행동을 하게 할 것이다. 적어도 타락이 점차적으로만 가능했던 만큼 상대방과 비교를 통한 개선도 가능하다.

자그마한 협력은 미덕의 자매인 우정을 만드는 데 유익하다. [감옥에서] 긴밀한 공동 노동모임을 오랫동안 이어간다면 [수감자들은 일에] 성실하고 항구적인 애정이라는 열매를 가지게 될 것이다.

각 수용실은 하나의 섬이며 거주자는 불행한 선원이다. 이들은 흔히 발생할 수 있는 난파로 고립된 땅에 버려졌음에도 공동체가 제공하는 쾌락을 통해 서로에게 신세를 지고 있다. 슬픔만 남은 이들에게 필수적인 고통의 완화가 없다면 상황은 끔찍해질 것이다.

만일 이들 사이에 폭력적이고 분노에 찬 사람이 있다면 길들여질 때까지는 그를 절대적 고립 상태로 두어야 한다. 사회 공동체의 가치를 배울 때까지 이들을 모임 구성에서 제외해야 한다.

여기 이들을 세상에 내보낼 순간을 위해 준비해야 할 연결 토대가 있다. 감옥에서 감금이 동반하는 많은 불편 중 예상할 수 있는 한 가지는 더 이상은 자유로운 상태에서 친구를 가질 수 없다는 불행이다. 이 불행은 이들을 예전의 삶의 극단적인 모습으로 다시 빠져들게 한다. 그러나 이들이 [공동체를 형성한다면] 시련의 학교[감옥]를 떠나더라도 서로에게 [작은 한 학급과도 같은] 모임을 형성해서 함께했던 옛 동료로서 남을 것이다.

도덕적인 상태에 따라 수감자들을 작은 집단으로 분산하고 이 원리를 절대 벗어나지 못하도록 감시해서, [감옥에서 이루어낼] 유익한 결과를 파괴할 가능성이 있는 전체적이고 혼잡한 집단은 어떠한 경우에도 이루어지지 못하도록 해야 한다. 영어판은 분리된 집단을 깨뜨리지 않고 수감자들을 산책시킬 수 있는 계획의 세부 사항을 담고 있다. 그러나 이 계획은 각자의 노동으로 운동을 충분히 하지 못할 경우에만 필요하므로 부수적일 뿐이다.

4. 노동에 관하여

일과 시간표 문제로 넘어가자. 왜냐하면 이는 경제성의 이유에서든 정의나 인간성의 원리에 의해서든, 불행한 사람들의 현재 운명을 완화하기 위해서 그리고 노동의 열매를 통해 그들에게 성실하게 살아갈 수 있는 수단을 제공하기 위해서 무한히 중요한 주제이기 때문이다.

수감자들을 고용하는 사업자에게 노동의 종류를 강요할 필요는 없다. 왜냐하면 이들의 이익은 분명 가장 많은 이득을 얻을 수 있는 방법을 발견하는 것에서 좌우되기 때문이다. 만일 법률이 간섭하려 든다면 일을 그르치기 마련이다. 혹시라도 적은 이익을 내는 것을 명령한다면 규정이 위험해지며, 가장 이익이 많은 사업을 명령한다면 규정이 쓸데없는 것이 된다. 게다가 올해 가장 유리한 사업이 어쩌면 내년에는 존재하지 않을 수도 있다. 끊임없이 변화하는 산업이나 필요한 이익을 노리는 인간의 본성은 법으로 규정하는 것만큼 불합리한 것은 없다.

자주 발생할 수 있기에 꼭 언급해야 하는 것으로, 수감자들을 피곤하게 하고 손실만 주는 거칠고 고통스러운 작업이 있을 수 있다. 하워드는 간수들이 감옥 마당의 한쪽 끝에 돌들을 쌓아두고 수감자들에게 다른 쪽 끝으로 옮기도록 명령한 후 도로 원래 자리로 가져오게 하는 일을 반복하는 것을 예로 들었다. 간수에게 이러한 고약한 작업의 목적을 요구한다면 간수들은 이 이상한 놈들[수감자들]을 화나게 하는 것뿐이라고 대답할 것이다.

결국 이러한 노동은 수감자들을 지겹게 하고 허수아비로 만들며 불명예스러운 족속으로 낙인 찍는 경솔하기 그지없는 일이다. 노동 때문에 감옥에 대한 두려움을 느끼게 해서는 안 되며, 오히려 규율의 엄격함과 굴욕적인 복장, 조잡한 음식과 자유의 박탈에서 두려움을 느끼도록 해야 한다. 작업은 고통이 아니라 수감자들의 위안과 쾌락에 부합해야 한다. 작업은 강요된 무위에 비해 본질적으로 힘들지 않아야 하며 그 생산물은 이중의 재미를 주어야 한다. 노동, 그것은 부유함의 아버지이며, 가장 훌륭한 재산인데도 왜 저주로 묘사하려 하는가?

강제 노동은 감옥을 위해 이루어지는 것이 아니다. 만일 당신이 많은 애를 써서 해야 할 일이 있다면, 그냥 [대가 없이] 고통스럽게 일하고 싶지는 않을 것이며 보상받으면서 하고자 할 것이다. 강제와 복종은 자유나 경쟁심과 거리가 먼 만큼 작업을 진척시키지 못할 것이다. 어떻게 수감자들에게 20수[21]를 위해 즐겁게 일을 맡는 인부와 같은 책임을 부여할 것인가? 수감자가 노동의 중압감에 짓눌린 척한다면 어떻게 그러한 기만을 구별할 수 있는가? 그런데 거짓으로 짓눌린 척할 수도 있지만 실제로 신체의 힘은 자유 의지하에 있기 때문에 에너지가 없을 때는 근육이 기력을 가지지 못한다.

노동은 식사 시간을 제외하고 하루 종일 지속되어야 한다. 그러나 노동의 종류는 다양한 것이 적당하고, 움직이지 않고 근면하게 일하는 조건하에서 교대로 사람들을 운용하는 것이

좋다. 특히 수감된 상태에서는 계속 움직이지 않는 작업이나 지속적으로 힘을 들여야 하는 작업은 심한 우울함을 유발하거나 건강을 해칠 수 있다. 이때 교대 업무는 휴식과 운동이라는 이중 목적을 달성한다. 따라서 여러 작업의 혼합은 결국 감옥의 경제성을 충족시키는 것이다.

5. 식사 조절에 관하여

우리는 수감자의 음식에 관하여 두 가지 오류를 범할 수 있다. 많은 사람들은 음식의 양은 줄이거나 정량만 주어야 한다고 믿어왔으나 그 할당된 양이 충분하지 않은 사람에게는 정말 비인간적인 행위다. 이는 부당한 처벌이다. 처벌이 범죄의 등급과 관련된 것이 아니고 인간의 강함이나 약함에 관련되어 있기 때문이며, 하루나 한 달이 아닌 몇 년의 부당한 처사는 결국 잔인한 짓임에 분명하다. 식사 후에도 시장기가 가시지 않고 지속되는 불행한 사람은 틀림없이 식사 시간 사이에도 계속 배가 고플 것이다. 그래서 그는 조금씩 그리고 지속적으로 힘을 파괴하는 병, 즉 무력감을 경험하게 된다. 이것은 팔이나 다리 대신 위장에서 이루어진다는 차이만 있을 뿐, 진짜 고문이다.

왜 아직도 수감자들에게 각자의 식욕에 맞는 음식을 제공해야 한다는 것을 분명하게 말할 수 없는가? 이것은 가장 단순하고 정의로운 최초의 바람이 아닌가?

두 번째 오류는 사려 깊지 못한 호의 때문에 발생한다. 즉 수감자들에게 다양한 음식을 제공하는 것이다. 몇몇 개혁가, 그중에서도 특히 자신보다 타인에게 관대한 훌륭한 하워드는 대부분의 시골 사람이나 다수 도시 거주자의 식생활을 생각하지 않고 이들[수감자]에게 적어도 일주일에 2회는 사치스러운 육류를 제공하고자 했다. 범죄 때문에 자유를 잃어버린 사람들을 위해서 그만큼 많은 수의 덕망 있는 농사꾼도 실현하기 힘든, 단지 희망에 불과한 앙리 4세의 바람[22]을 실행해야 할까?

수감자의 음식은 국가가 제공할 수 있는 가장 싸고 평범한 것이어야 한다. 왜냐하면 수감자들이 노동자나 빈민 계층보다 더 좋은 대우를 받아서는 안 되기 때문이다. 식욕을 돋울 필요가 없으므로 [양념 등의 자극적인] 어떤 것도 섞지 말아야 하고 음료는 물 이외에 발효된 음료[술]는 절대 안 되며, 빵은 가장 싼 것만 제공한다. 식욕을 돋우는 것은 작업장이다. 우리를 건강하게 하는 풍부한 음식은 대지에서 제공되며 이는 가공할 필요가 없다. 감자만 먹는 아일랜드인이 약해지거나 퇴화했는가? 귀리를 먹는 스코틀랜드 산악인이 전쟁에서 소극적으로 행동했는가?

그러나 수감자들이 자신의 노동 수익으로 더 다양하고 맛 있는 음식을 사 먹을 수 있는 자유는 보장되어야 한다. 자유는 보상을 통해 작업을 독려하거나 수익의 일정한 비율을 배당하는 것 이상으로 경제 활동 자체에서 최고의 원리다. 그런데 개개인이 자신의 모든 기력을 [낭비 없이] 사용하도록, 보상은 상황에 따른 상여금 형태로 지급해야 한다. 이렇게 함으로써 결국 이들은 순수하고 적당한 것을 넘어서, [자유롭고 부유한 사람만이 누릴 수 있는] 취미나 덧없음을 미화하는 특성의 즐거움은 기대하지 않게 된다. 그런데 발효된 음료는 지나치게 마실 경우가 없다 할지라도 절제하는 것이 불가능하기 때문에 [구입할 수 있는 음식 목록에서] 항상 제외해야 한다. 인간의 감각을 무디게 하는 음료는 다른 사람에 대한 판단력을 흐리게 할 수 있기 때문이다. 이러한 처우가 지나치게 엄격한 것은 아니다. 왜냐하면 이러한 관대함을 전혀 누릴 수 없는 성실하고 근면한 가난한 사람이 많이 있기 때문이다.

6. 의복에 관하여

건강을 해치거나 규정에 어긋나지 않는 한, 모든 것은 경제성을 따라야 한다. 의복은 본보기로서의 중요한 목적에 부응하도록 몇 가지 모욕의 표시를 담고 있어야 한다. 가장 단순하고 유용한 방식은 두 팔의 소매 길이를 다르게 한 겉옷과 속옷을 만드는 것이다. 이 옷은 탈출을 방지하는 훌륭한 방법이자 탈옥한 사람을 구별할 수 있는 확실한 수단이기도 하다. 약간의 시간이 지난 후에 긴 소매 쪽의 팔과 달리 짧은 소매 쪽의 팔은 [햇볕 등에 노출되어 피부색이 변하므로] 색깔로 쉽게 구별할 수 있기 때문이다.

7. 청결함과 건강에 관하여

이 주제에 관한 상세한 내용은 그 자체로 가치 있는 것은 아니다. 오히려 이를 제안한 의도 때문에 중요하다고 할 수 있다.

완벽하게 목욕재계를 한 후에야 수감자가 수용실에 들어가는 것을 허락해야 한다. 수용실에 들어갈 때 무례한 영혼들에게 깊은 감명을 주는 장치인 기도나 장엄한 음악처럼 다소 장중한 의식을 부여하는 것도 적당하다. [이처럼] 감각에 의해 상상력을 자극하는 방식과 비교해보면 지루한 연설은 얼마나 무기력한가?

더러움에 접촉되지 않게 하고 [오염 상태를] 쉽게 알아챌 수 있도록, 수감자들의 의복은 두꺼워야 하지만 염색되지 않은 흰색이어야 하고 머리카락은 완전히 삭발하거나 짧아야

한다. 그리고 목욕은 규칙적이어야 한다. 담배나 청결한 상
태를 유지하는 데 방해되는 습관 역시 용납해서는 안 된다.
또한 리넨류[홑이불이나 시트 등]는 날짜를 정해 정기적으
로 교체해야 한다.

이렇게 까다로운 것들 모두가 건강에 필수적인 것은 아니
다. 그러나 [지금까지] 거의 모든 감옥이 공포스러운 거주지
였기 때문에 사소한 것을 소홀히 하기보다는 예외적인 것에
까지 주의를 기울이는 것이 더 낫다. 속담에서 말하듯 활을
펴려면 반대 방향으로 당겨야 한다.

[감옥] 체계에서 청결에 대한 주의는 신체와 정신의 미묘
한 관계에 의해서 더 높은 목적을 추구하게 한다. 이것은 상
상으로 이루어지는 것이어서 그리 직접적으로 드러나지는
않지만 어떤 [신체와 정신 사이의] 관계를 관찰할 수 있다.
하워드와 여러 다른 개혁가들도 이것을 알아챘다. 즉 청결에
대한 세심한 [신체적] 정성이 [정신적] 게으름을 벗어나게
하는 자극제가 된다는 것이다. 사소한 물건에 대해서도 절
제의 중요함을 배우고 조심스러운 태도를 익히게 되기 때문
이다. 단지 정신과 신체에 대한 말은 하나의 흔해 빠진 수사
에 지나지 않는다. 말을 통한 미덕에 대해서는 죄를 물을 수
도 찬사를 보낼 수도 없다. 왜냐하면 칭찬은 다른 것에 영향
을 주지 못하기 때문이다. 우리는 종교 창시자들이 얼마만큼
이 대상[신체·정신의 연결]에 중요성을 부여했는지, 이들이

얼마나 주의를 기울여 목욕과 관련한 것들을 규정했는지 알고 있다. 숭고한 의식이 지닌 정신적 효과를 신뢰하지 않는 사람이라도 신체적 효과를 부정하지는 않을 것이다. 목욕은 [누구나 따라야 하는] 하나의 표본으로서 [정신 개선에] 선구자 역할을 할 수 있다! 그러나 수감자들의 신체만큼 영혼을 깨끗하게 하기가 쉬운 일이겠는가!

야외 운동은 건강을 위한 하나의 예방책이다. 그러나 운동 역시 다른 것처럼 감시를 벗어나지 않는 범위에서 행해져야 하고 [수감자들을] 적절한 규모로 나누거나 작은 모임들로 구성해 잘 조화하도록 고려해야 한다. 가능하다면 이 모임이나 분할 단위는 생산적이거나 유용한 노동에 적용 가능해야, 즉 경제성에 적합해야 한다. 영어판은 [운동이면서도 노동이 되는 일에 관한] 많은 세부 사항을 담고 있다. 그 책에서 저자는 커다란 바퀴를 이용한 장치23를 선호하는데, 이 장치는 한 명 또는 여러 명의 체중으로 움직일 수 있으며 또한 수많은 기계와 연결되어 에너지를 제공한다. 이 운동은 바라는 모든 조건들을 채워준다. 바퀴 장치는 개개인의 힘에 맞게 조절할 수 있다. 어떤 게으른 수감자도 감독관을 속일 수 없다. 그리고 어떤 감독관도 수감자에게 이 장치를 독단적으로 사용할 수 없다. 어렵거나 비인간적인 것은 전혀 없다. 이는 단지 산에 올라가는 다른 방법일 뿐이다. 이는 신체의 무게에 따라 결과가 생산되며 여러 다양한 상태에 적용할 수 있다. 게다가 분할 방식과 절대적 고립 방식이 모두 가능한 노동 방식이다. 경제적이고 유용할 뿐 아니라 건강에도 좋아서 여성들도 이곳에서 운동을 할 수 있다. 하루에 두 번씩 하도록 전체 수감자를 차례대로 적당히 배분하는 것은 그리 어려운 일이 아닐 것이다.

이러한 대비책들은 이대로 해야 한다는 것이 아니라 경우에 따라 적절하게 더 보완될 수 있는 의견일 뿐이다.

시간의 배분 역시 상황에 따라 다양해질 수 있으므로 규정할 수 있는 것은 없다. 그러나 품성을 교화하는 목적을 지닌 제도 속에서 온갖 태만과 게으름은 원칙적으로 피해야 한다. 그리고 수감자들에게 7시간이니 8시간 이상의 수면을 허용하는 것은 큰 잘못이다. 느슨함과 나약함이 온갖 부패의 씨앗을 만들어내기 때문이다. 깨어 있으면서 침대에서 오랫동안 남아 있는 게으른 습관은 정신을 약하게 하는 만큼이나 체력을 튼튼하게 하는 데도 적합하지 않다. 겨울에는 긴 저녁 시간에 맞게 작업을 조정해야 한다. 그리고 이들의 작업이 빛을 소비할 만큼의 가치가 없을지라도 12시간에서 15시간 정도의 긴 시간 동안 이 불행한 사람들을 암흑 속에 버려 두지 않기 위해 경제성보다 더 강력한, 인류애적이고 현명한 근거가 있어야 할 듯하다. [수용실 내부를 밝히려고] 수용실 밖에다 조명을 설치하는 것은 전혀 어려운 일이 아니다. 결과적으로 [이를 통해] 온갖 태만과 사악함의 위험을 피하게 하고 밤 동안에 감시 원칙의 주요한 효력을 유지할 수 있다.

8. 교육과 일요일 시간 활용에 관하여

감옥은 하나의 학교가 되어야 한다. 특히 어린 수감자들을 위해서는 필수적인데, 유약한 나이일지라도 이런 종류의 처벌을 받게 되는 범죄[가능성]에서 벗어나 있지는 않기 때문이다. 그런데 왜 새로운 교육을 통해 사회의 유용한 구성원이 될 수 있는 무지한 사람들에게 교육의 혜택을 주는 것이 거부되고 있는가? 독서, 글쓰기, 산수는 모두에게 필요하다. 만일 그들 중에 몇몇이 특별한 재능의 씨앗을 지니고 있다면 그 재능을 양성할 수 있고 장점을 끄집어낼 수도 있다. 이런 구상은 사업에 이득이 되며 다양한 기술에 이용될 수 있다. [한 예로] 음악[적 재능]은 [예배 행사에서 많은 음악이 필요한] 교회의 요구에 딱 들어맞는 것으로 특별한 유용성을 지닐 수 있다. 결국 감옥 책임자들이 이익에 대한 정확한 아이디어를 충분한 열정과 지성에 결합시킨다면 수감자들의 다양한 능력을 발전시키는 방법을 분명히 찾아낼 수 있다. 하지만 반대의 경우 수감자 각자가 지닌 특별한 재능을 더 이상 발전시키지 않거나 사용하지 못하게 할 수도 있다. 제자들의 발전에 진정으로 큰 관심을 지니는 교사는 없다.

왜냐하면 이들은 단지 수련생이면서 노동자일 뿐이기 때문이다.

일요일은 우리에게 채워야 할 빈 시간을 제공한다. 즉 기계적인 작업을 중단하는 것은 이날의 목적에 따라 정신적이고 종교적인 가르침이 자연스레 가능하게 한다. 그런데 하루 종일이라는 긴 시간 동안 교육을 하면 불필한 것이 생기거나 단조로워질 수 있으므로 여러 방식의 강의로 변화를 주어야 한다. 정신적·종교적 목적은 수업에서 읽고 쓰고 그림 그리게 할 작품을 적절히 선택함으로써 달성할 수 있다. 한편 산수는 상업, 농업, 공업, 노동의 생산을 증진시키는 문제를 해결하게 할 수 있으므로 이중의 [효과를 얻는] 교육이 될 수 있다.

수업 시간 동안 원형 강의실에서 감시와 분리의 원칙을 버리지 않고 교사의 안전을 위협하는 일 없이 수감자를 배치하는 방법에 관해서는 영어판을 참고하기 바란다.

9. 징벌에 관하여

감옥 안에서도 문제가 되는 무례한 일이 일어나기 때문에 [감옥 자체의] 징벌이 있어야 한다. 엄격한 징벌이 없다면 문제가 증가할 수 있다. 그러므로 각 사례의 특성을 참고하면서 유용하고 다양한 징벌 방식을 고안해낼 수 있다.

[예를 들면] 유비의 방식, 즉 힘을 남용한 정도에 따라 벌을 주는 방식이 있다. 또 다른 방식은 징벌이 잘못 그 자체에서 나오게 됐다는 것을 알도록 잘못에 맞추어 징벌하는 방식이다. 그래서 지나친 울부짖음은 이를 길들이거나 그렇지 않으면 재갈을 물리는 벌에 처할 수 있다. 마찬가지로 구타나 폭력에는 정신병자들이 입는 구속복을 입히며, 노동을 거부하는 경우에는 일할 때까지 음식을 주지 않을 수 있다. 여기서 [문제들이 생길 때] 수감자에게 [개인 수용실에 감금하는] 절대적 고립의 벌을 습관적으로 주지 않음으로써 얻을 수 있는 장점이 있다. 즉 절대적 고립은 [감옥 내] 훈육의 유용한 도구가 된다. 이는 우리가 잊어버리고 있었던 것으로, 남용할 수 없는 만큼 보다 더 두려움을 유발하는 가치 있는 수단이며 신체 형벌이지만 건강에 해를 끼치지 않는 방식이다. 감옥 관계자에게 수감자를 고립 감금에 처할 수 있는 권한을 부여할 수 있지만 다른 징벌은 항상 감독관의 허가와 입회하에서만 시행되어야 한다.

[수감자 사이의] 상호 책임의 규칙은 완벽한 장점을 가진다. 각 수용실 경계 안에 상호 책임은 [각 수감자가] 아무리 사소한 법률의 경계라 하더라도 넘어설 수 없게 한다. 악을 고발하거나 아니면 공범자로서 고통 받는다. 어떠한 계략이 이 냉혹한 규칙을 피할 수 있을까? 어떠한 음모도 이 감시망을 벗어

날 수 없다. 모든 감옥에서 신랄한 비판을 받는 고발자의 인간성에 대한 비난이 여기서는 어떤 근거도 가질 수 없다. 다른 사람[고발자]이 자신의 생존을 위해 고발하는 것에 대해 불평할 권리를 가질 수 없다. [이러한 문제가 발생할 때] 고발자는 이렇게 대답할 수 있다. "당신은 나의 악독함에 대해 비난했다. 그러나 당신은 당신이 한 짓 때문에 내가 처벌받을 수 있다는 것을 알아야 하며, 오히려 쾌락을 추구하면서 나를 고통에 빠뜨린 것이 바로 당신이라는 것을 명심해야 한다." 이 구상은 동료의 수만큼 감독관이 있는 것과 다름없게 만듦으로써 감시받는 사람들이 스스로 서로를 감시하고 결국 전체적인 안전에 공헌하게 한다. 또한 여기서 작은 무리로 분할할 경우 거기는 또 하나의 장점을 발견할 수 있다. 즉 현재 모든 감옥에서는 수감자들의 사회가 지속적인 잘못의 원천인 반면 파놉티콘의 수용실에 있는 사회는 [상호 감시로써] 바른 행동을 보증한다.

고대 역사의 녹綠에 덮여 있었던 상호 책임의 법은 몇 세기 전부터 영국인의 찬사를 받고 있다. 열 명씩 분할된 단위 안에 존재하더라도 개개인은 나머지 사람들[다른 9명]에 대응된다. 그러나 이 유명한 법의 결과는 어떠한가? 한 [거짓말쟁이] 수감자에 의해 아홉 명의 결백한 사람이 처벌받을 수 있다. 거짓말에 책임을 부여하고 공정하게 파악하기 위해 파놉티콘에서는 무엇을 할 것인가? 벽과 골조를 투명하게 해야 하고 [구성원 사이에서 자체적으로 운영되도록] 2토아즈[24]의 공간[각 수용실]에 하나의 도시를 간결하게 집약해야 한다.

10. 석방된 수감자들을 위한 준비에 관하여

몇 개월 혹은 몇 년의 매우 엄격한 교육 기간이 끝난 후에, 노동에 익숙해지고 종교 교육과 도덕 교육을 엄격하게 받은 수감자들은 자신이 빠져 있던 무력감에서 비롯된 부도덕한 습관들을 버리고 새로운 사람이 될 수 있다. 그러나 갓 태어난 아기 같은 이들을 감시에서 해방시켜주는 것, 감독관이나 보호 장치 없이 사회로 내보내는 것은 매우 부주의한 일일 수 있다.

아래 조건 중 하나를 충족할 때만 자유의 상태로 석방해야 한다. 우선 판례에 어긋나지 않는다면 육군이나 해군에서 복무하게 한다. 그가 분명하게 복종에 익숙해졌다면 어려움 없이 훌륭한 병사가 될 것이다. 이러한 신병이 병역 근무를 하기에 오점이 될 것이라는 우려가 있을 수 있지만 징병관들이 군인을 보충할 때 [그가] 어떤 사람인지에 대해 굳이 신경 쓸 필요는 없다.

국가가 식민지를 만들 경우, 교육을 받아 준비된 수감자를 이주시킬 수 있다. 이는 이들이 악인이기 때문이 아니라 신생 사회를 위해 꼭 필요하기 때문이다. 그러나 먼 곳인 외국에서 얽매인 상태로 인생을 끝낼 것 같은 죄인에게는 이주를 강요하지 말아야 한다. 그들에게 단지 식민지로 가는 [자유로운] 선택과 [이를 통해] 부를 [얻을 기회를] 제공할 뿐이다.

자유로운 상태로 다시 돌아가는 이들을 위한 또 다른 방식은 이들의 행동을 책임지고 정해진 액수의 보증금을 내줄 보증인을 찾는 것이다. 이 보증은 매년 갱신되며 만일 [보증인이] 갱신하지 않는다면 그 사람[수감자] 스스로 다시 다른 보증인을 찾아야 한다.

수감자 중 친구나 부모가 있는 사람이나 현명하고 근면하며 정직하다고 알려진 이들은 보증인을 찾는 것이 문제가 되지 않는다. 비록 결점이 있는 사람들이라 집안일은 못하더라도 거리낌 없이 할 수 있는 일이 많기 때문이다. 즉 여러 가지 방식으로 보증을 고무할 수 있다.

무엇보다 가장 간단한 것은 보증인에게 마치 수련생을 지닌 장인처럼 자유롭게 된 수감자와 장기간 계약할 수 있는 권한을 주는 것이다. 그래서 수감자가 도망을 치더라도 그를 재고용할 수 있는 권리를 지니며, 다른 사람들이 그를 꾀어내거나 고용할 수 없게 하면서 보상을 받을 수 있다.

이 조건은 일견 석방된 수감자들에게 까다로워 보이지만 사실 수감자를 위해서도 장점이 있다. 왜냐하면 믿을 수 있는 노동자들만이 가지는 특권을 바라는 수많은 경쟁자 사이에서 이 조건은 선택을 보장하기 때문이다.

보증금의 유효성을 확보하려고 예비 조사를 할 필요는 없다. 보증금이 부족할 경우 가장 좋은 방법은 감옥의 운영자에게 보증의 책임을 절반 넘기는 것이다. 왜냐하면 그는 수감 당시 수감자들을 잘 알고자 많은 주의를 기울였고 법률적인 협상을 한 당사자이기 때문이다.

그런데 여기서 자주 발생할 만한 상황, 즉 친구도 부모도 없는 수감자가 보증인도 찾지 못하고 징집되지도 않았으며 식민지에 갈 수도 없는 경우를 검토해야 한다. 무턱대고 포기하거나 사회에 내보내야 하는가? 분명 아니다. 이는 그 사람을 다시 불행에 빠지게 하고 범죄에 노출시킨다. 그렇다면 그동안과 똑같은 엄격한 규율의 사슬 속에 붙잡아 두어야 하는가? 아니다. 이는 법이 정한 기간을 넘어서 처벌 기간을 연장하는 것이다.

우리는 [해결 방안으로] 파놉티콘 원리에 기반한 보조 시설을 세워야 한다. [이곳에서는] 더 많은 자유를 누릴 수 있고 더 이상 모욕적인 표식이 없으며 결혼이 허락되고 거주자는 자신의 일에서 보통의 노동자와 거의 동등하게 대우받는다. 한마디로 안전, 절제, 격식의 원칙과 양립할 수 있는 만큼의 자유와 복지를 확대해 누리게 하는 파놉티콘이다. 이 시설은 신에 대한 맹세가 없다는 차이만 있을 뿐 정해진 규칙을 따르는 수도원이 될 것이다. 그리고 이곳에 머무르는 사람들은 보증인을 찾거나 나갈 수 있는 조건들을 충족하면 언제든지 이곳을 벗어날 수 있다.

그런데 다음과 같은 이의가 제기될 수 있다. "이 보조 파놉티콘은 다수가 공동의 지붕 아래에서 일을 하는 공장의 노동자 집합소다. 그러나 이러한 집합소들이 악의 양성소였다는 것이 경험을 통해 증명되었다. 품성을 파괴하지 않는 공장은 노동자들이 흩어져 있는 경우나 농업에서처럼 한 지역 전체를 포함하고 있는 경우나 가정에서 각자가 일을 하며 순수하고 고립된 둘레를 벗어나지 않고 머무를 수 있는 경우뿐이다."

이러한 의견은 근거가 있기는 하지만 그렇다고 해서 삼옥 내 파놉티콘 계획과 상반되는 것은 아니다. 일반적인 공장과 파놉티콘에 세워지는 공장 사이에는 큰 차이가 있다. 어느 공공 주택이나 개인 주택에서 독신자의 정숙함을 위해서, 결혼의 충실함을 위해서, 무질서와 비참함을 야기하며 생명에 치명적인 습관인 음주벽을 제거하기 위해서 이만큼의 안전함을 제공할 수 있는가?

석방 시 수감자를 위한 준비는 [그들이 다시] 범죄에 쉽게 빠져 들거나, 유혹에 빠지는 위험을 제거하기 위한 것이다. 석방되는 이들에게 당장의 금전적 궁핍이 절망감을 안겨주지 않도록 돈을 지급하자는 의견에 대해서는 많은 칭찬이 있었다. 그런데 이러한 수익은 일시적이며, 절제하지 못하거나 준비하지 못한 사람에게는 함정일 뿐이다. 궁핍이 오랫동안 지속되는 것보다 훨씬 위험한 것은, 일시적인 즐거움 후에 돈이 사라지고 다시 가난해지면 돈의 유혹에 저항하기 힘들다는 것이다.

저자의 주요한 아이디어만을 담는 이 설명은 이 글 처음에 거론된 [둘러싼 환경이 중요하다는] 것을 평가하기 위해 충분하다.

11. 새롭고 간단한 건축 아이디어

결과적으로 우리는 감옥에서 진정으로 본질적인 개혁을 얻을 것이다. 우리는 현재 수감자들의 바른 행동을 확고히 하면서 미래의 교정을 보장할 것이다. 또한 국가의 재정 상태를 향상시키면서 동시에 공공의 안전을 강화할 것이다. 결국 우리는 선을 행하고 악을 행하지 못하게 하도록 거대한 권력을 부여받은 단 한 사람의 인간이 있는 새로운 국가의 도구를 창조할 것이다.

파놉티콘의 원리는 감시와 경제성을 연결해야 하는 거의 모든 시설에 성공적으로 적용할 수 있다. 그리고 반드시 이 [파놉티콘] 아이디어를 엄격하게 적용할 필요는 없다. 쇠창살을 제거할 수도 있고 많은 의사소통이 가능하게 할 수도

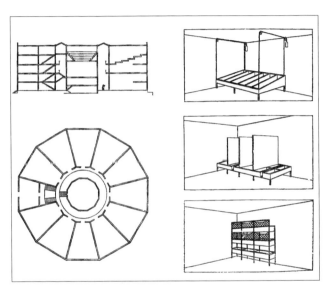

〈그림 2〉 파놉티콘 거주 모델로 각 층은 12개의 규격화된 방으로 구성되어 있다. 우측 세 그림은 각각 독신자, 부부, 아이들을 위한 모델이다.

있으며 감시를 편안하게 하거나 불편하지 않게 할 수도 있다. 이 계획에 따라 지어진 공장은 진정한 산업 건물로서, 한 사람이 수많은 작업을 감독하는 편리함을 주고, 개폐가 가능한 다양한 공동 주택에는 이 원리를 유연하게 적용할 수 있다.[25]

한편 파놉티콘식 병원은 청결함이나 환기, 의약품 관리에서 어떤 소홀함도 허락하지 않는다. 부속실[병실]의 완벽한 분할은 환자들을 더 잘 구분할 수 있게 하며, 흰색 철관들[26]은 환자가 관리인과 지속적으로 의사소통을 하게 할 것이다. 각 선택에 따라 쇠창살 대신 내부에 유리창을 설치해 기온을 유지할 수도 있고 시선을 완벽하게 확보하기 위해 커튼을 치지 않을 수도 있다. 마지막으로 이 원리는 다행스럽게도 학교나 병영, 즉 한 사람이 다수를 감독하는 일을 맡는 경우에 모두 적용할 수 있다. 파놉티콘 장치를 통해 단 한 사람에 의한 용의주도함의 이점은 다른 체계에서 사용하는 수많은 사람들의 성실함보다 더 나은 성공을 보장한다.

파놉티콘과
근대 유토피아

파놉티콘은 아마도 건축 분야 외에서 가장 널리 알려진 건축 계획 중 하나가 아닐까 싶다. 이를 다루는 분야는 건축 영역을 넘어서 사회과학에 이르기까지 다양하다. 왜 실현되지도 운영되지도 않은, 단지 계획으로만 머문 이 건축물에 그렇게 많은 관심을 가지고 연구하는 것일까? 푸코가《감시와 처벌》에서 한 분석이 파놉티콘을 다시 크게 주목받게 한 계기임에 틀림없지만 가장 큰 이유는 파놉티콘 그 자체에 있다.

파놉티콘은 감옥 건축 계획이다. 그러나 이것은 완벽한 감시를 통해 수감자를 교정하려는 목적만으로 계획된 것은 아니다. 파놉티콘은 벤담이 일생 동안 연구하고 생각해온 것, 즉 법률이나 구호 제도, 경찰 체계, 특히 교육과 노동, 경제 제도를 현실에서 구체화할 수 있는 표준 모델이다. 벤담은 파놉티콘을 통해서 모든 사회 문제를 해결할 수 있다고 믿었다. 나아가 그는 당대 사회를 완벽한 합리성에 기반을 둔 자본주의로 재배열하여, 마치 만유인력으로 우주를 재구성한 뉴턴처럼 자신의 신념에 따른 새로운 우주를 꿈꿨다.

이익이 모든 것의 중심이 되는 이 세계를 구체화하는 장치이자 사회 곳곳에 설치하게 될 기본 장치인 파놉티콘을 위해 벤담은 자신의 재산과 한창때의 20년 이상을 희생했다. 따라서 파놉티콘은 18세기 말에서 19세기 전반에 걸쳐서 자주 등장한 유토피아 모델 중 하나다. 유토피아가 사회의 모든 문제를 해결해줄 수 있는 이상적인 모델이라면, 파놉티콘 역시 이런 목적에 적합한 일종의 유토피아로 볼 수 있다. 그러므로 벤담의 사고의 집약이자 그가 꿈꾼 이상 사회의 축소판인 파놉티콘은 어느 하나로 제한할 수 없는 다중적 의미를 지닌 공간 장치다.

1. 벤담과 공리주의

벤담은 1748년 런던에서 태어났다. 벤담의 아버지는 유능하고 부유한 소송 대리인이었지만, 사회적으로 저평가된 자신의 직업에 만족하지 못했다. 다소 독재적이었던 그는 자식들이 똑똑해지는 것보다는 사회적으로 성공하기를 바랐다. 이런 부친을 둔 벤담은 끊임없이 형제들과 경쟁해야 했다. 그러나 엔지니어이자 훗날 러시아 포템킨 시의 경제 자문이

된 동생 새뮤얼 벤담Samuel Bentham은 형과 함께 아버지의 권위에 대항했고 벤담이 파놉티콘을 구상하는 데 결정적인 역할을 했다. 《파놉티콘》이 출간된 지 1년 뒤인 1792년, 아버지의 죽음은 벤담에게 의심의 여지 없는 해방을 의미했다. 벤담은 즉각 자기 몫의 유산으로 파놉티콘을 건설하기 위해 땅을 구입했다. 이는 파놉티콘을 반대한 아버지에 대한 도전이자 복수이기도 했다.

예닐곱 살 무렵의 벤담은 고위층의 자제들만 다니는 웨스트민스터 기숙학교에 다녔다. 엄격하기로 이름난 이 학교에 머물렀던 당시를 벤담은 지옥과 같았다고 회고했다. 그는 이 학교를 시대착오적인 교육 체계로 학생들을 혹사시키는 나쁜 학교의 전형이었다고 기억했다. 그래서 나중에 벤담이 파놉티콘의 연장선에서 구상하는 학교는 웨스트민스터와는 정반대로 통학 제도를 기반으로 하고 기술적, 과학적인 유용한 지식을 가르치는 곳이다.

1760년 옥스퍼드 대학 퀸스 칼리지에 입학해서 고전을 공부한 벤담은 1763년 학위를 받은 후, 링컨스 인 법학원에 들어가 법률 공부를 시작했다. 그러나 법률 서적을 읽기보다는 주로 법 남용의 이론적 측면을 사색하거나 화학 실험을 하면서 시간을 보냈다. 변호사 자격을 얻자마자 한두 건의 소송을 맡아 최선을 다했으나 패소해 아들이 대법관이 될 것으로 기대하고 있던 아버지를 크게 실망시켰다. 당시 벤담은 영국

감각론자들과 18세기 대표적인 계몽주의 사상가인 볼테르 Voltaire, 특히 도덕 결정론과 교육 반영론을 주장한 엘베티우스C. A. Helvétius 등의 프랑스 철학자들을 발견한다. 그러면서 아버지의 반대에도 불구하고 법관이 아닌 법 이론가로서의 길을 결심한다. 그에게 법 이론을 연구하는 것은 과학적이고 사리에 맞는 법 체계를 연구하는 것이며, 관습이나 관행의 축적이 아닌 전혀 새로운 원리(공리주의)에 기반을 둔 법전을 만드는 것을 의미했다.

1789년에 그는 대표적 저서 중 하나인《사법과 도덕의 원리에 대한 서설An Introduction to the Principles of Morals Legislation》을 출간하면서 법이 따라야 할 것으로서 과학적이고 계산된 유용성utility을 제시한다. 어떤 행위가 행복을 증진시키는 경향을 가질 때 옳은 행위이고 반대의 경우는 그른 행위라고 믿은 그는 사회와 개개인의 모든 행위의 기준이 되는 원리를 '고통과 거리 두기', '쾌락의 추구'로 규정했다. 여기서 말하는 행복이란 행위자의 행복이 아니라 행위에 영향을 받는 모든 사람의 행복이다. 따라서 벤담에 따르면 모든 입법의 목표는 '최대 다수의 최대 행복'이어야 한다. 또한 그는 유용성의 원리에 입각해 모든 처벌은 고통을 수반하는 악이므로 '더 큰 악을 배제할 가능성이 있는 한에서만' 사용해야 한다고 했다. 즉 공리주의 입장에서 처벌이 합리적일 수 있는 경우는 처벌이 범죄자를 교화하거나 그에게서 사회를 보호

함으로써 더 이상의 범죄를 막고 다른 사람들이 처벌에 대한 두려움 때문에 범죄 유혹에 빠지지 않도록 할 때다.

밀James Mill 등의 다양한 지지자들 사이에서 벤담은 실용적 관점과 공리주의의 바탕하에 다양한 방면의 합리적 개혁자들(대표적으로는 처벌 완화를 위해 싸웠던 변호사 로밀리Samuel Romilly, 경제학자 리카르도David Ricardo, 유명한 사회주의자 오언Robert Owen 등)의 사상적 스승이 된다. 대영박물관이나 런던 대학에 소장되어 있는 그의 지적 작업들은 오늘날에도 계속 탐구되고 있다. 이 작업들은 방대한 규모와 내용뿐 아니라, 현재에도 영향을 미치고 있는 근대적 사고의 흔적을 곳곳에서 발견할 수 있다는 점에서도 놀랍다.

벤담은 노동과 검소를 삶의 규칙으로 삼았다. 그는 접대와 여행을 싫어했고 칩거 생활과 고독을 높이 평가했으며 엄격하게 절제된 식단을 따랐다. 그는 '죽은 시간(불필요한 시간)'을 쫓아 보내려 하면서 "내 인생의 모든 순간은 계산되어 있다"[27]고 말했다. 종교적 자선에 반대하고 모든 것을 경제 질서하에 두려 한 벤담은 노동 가치설labour theory of value을 철저하게 따랐다. 1832년에 84세의 나이로 죽은 벤담은 자신의 주검까지도 유용하게 쓰이기를 원했다. 친구들이 입회한 가운데 그의 시신은 해부되었고, 골격을 재구성해 밀랍으로 만든 두상을 덧붙인 후 런던 대학에서 공공에게 전시되어 오늘날에도 그를 볼 수 있다.

2. 벤담과 파놉티콘

(1) 파놉티콘의 등장

간단한 질문부터 시작하자. 벤담은 왜 파놉티콘을 구상했는가? 그는 자신이 구상한 이상 사회 원리를 구체화하고 실현하고자 했다. 그에게 우선적으로 필요했던 것은 그가 원하는 방식으로 사람을 개선시킬 수 있도록 완벽하게 통제할 수 있는 수단이었다. 이는 단지 하나의 기능(감금)으로만 사용되는 것이 아니라 모든 곳에 사용될 수 있다.

만일 다수의 사람에게 일어나는 일을 모두 파악할 수 있는, 그리고 우리가 원하는 방식으로 이끌 수 있도록 그들을 에워쌀 수 있는, 그들의 행동과 [인적] 관계, 생활환경 전체를 확인하고 그 어느 것도 우리의 감시에서 벗어나거나 의도에 어긋나지 않도록 할 수 있는 수단이 있다면, 이것은 국가가 여러 주요 목적에 사용할 수 있는 정말 유용하고 효력 있는 도구임에 틀림없다.(이 책 19쪽, 이하 쪽수만 병기)

그런데 그는 왜 감옥을 선택했는가? 당시 무척 혼란했던 사회의 개혁, 그 중심에는 감옥이 있었다. 감옥은 새로운 질서를 위해 개선되어야 할 사람들이 모여 있는 곳으로, 사회개혁의 최전선이었다. 또한 이 시기에 처벌 체계의 변화 속에서 감옥은 새로이 구상되어 완벽하게 다시 만들어야 했으며 모든 것이 통제 가능한 닫힌 세계로서 그에게 이상적인 실험 공간이었다. 감옥 건설이 가장 중요하고 어려운 문제여서 이를 해결한다면 다른 곳에서는 몇 가지 특징들을 변형하거나 제거하기만 하면 된다고 생각했다.(20쪽) 그래서 벤담은 유독 파놉티콘 건설에 탐구와 열정을 가졌으며 이는 그의 삶과 성과에서 중요한 자리를 차지한다. 1786년부터 1813년까지 오랜 기간 동안 그는 파놉티콘에 전념하며 이 계획안을 강박적으로 실행하고자 했다. 심지어 이에 놀란 친구들이 그가 미쳤다고 비난할 정도로 집착을 보였다. 감옥 모델의 책임지기 된다는 것, 즉 완벽한 통제탑의 책임사가 된다는 것은 그의 가장 높은 야망이었다. 비록 그 감옥 때문에 파산하더라도.

(2) 18세기 말 감옥 문제

좀 더 구체적이고 깊이 이해하기 위해서는 먼저 당시 사회를 자세히 들여다볼 필요가 있다. 18세기까지의 처벌은 대개 사람을 형틀에 집어넣거나 채찍질하거나 뜨거운 인두로 지지거나 목을 매다는 등의 끔찍한 것이었다. 처벌은 공개적이었고, 특히 사람들이 많이 참석하는 처형은 지배자가 대중에게 자신의 권위를 상징적으로 내비치는 하나의 의식이었다.

감금 자체가 처벌인 오늘날과 달리 근대 이전의 감옥은 재판과 형벌을 받기 위한 대기실에 지나지 않았다. 그런데 18세기 후반의 산업혁명으로 촉발된 자본주의와 합리주의가 본격화되는 전환기 속에서 상황은 달라졌다. 변화된 사회에서 등장하는 새로운 문제들은 기존의 사회 정의나 처벌 체계를 흔들어버림으로써 새로운 질서 체계가 필요하도록 했다. 당시 큰 문제였던 유랑의 급증은 경범죄로 이어지는데, 특히 먹을 것을 훔치는 등의 행위는 과거에는 관용을 베풀었지만 더 이상은 용납되지 않았다. 자본주의 질서에서는 생산력이 없는 사람들에게 노동이나 처벌로 그 대가를 지불하도록 했기 때문이다. 한편 전통적 처벌 방식인 신체형(특히 공개 처형)에 대한 반발로 인해 점점 처벌의 실행이 미뤄지면서 선고와 집행 간의 시간적 간격이 벌어졌다. 그리고 형벌 자체가 완화되어 주로 구금형으로 이루어졌다. 결과적으로 감옥에 사람이 넘쳐나게 되었다. 이로 인해 감옥은 모든 악의 소굴이자 질병의 근원으로 인식되기 시작했다. 이러한 상태를 해결하고자 등장한 것이 새로운 성격의 근대 감옥이다. 그런데 근대 감옥이 근대 법전과 함께 생겨났다거나 과거 감옥의 연장선에 있다고 하는 것은 정확하지 않다. 오히려 근대 감옥은 18세기 후반 생산력이 없는 이들을 수용하기 위한 구빈원이나 병원 등의 수용 시설을 모델로, 사법 기관과는 독립적으로 만들어졌다. 즉 근대 감옥의 출발은 처벌 그 자체에 목적을 두어 죄인이 처벌받은 후에 사회로 바로 돌아오는 것

이 아니라 재사회화와 교화를 목적으로 한 것이다.[28]

이러한 변화 속에서 감옥에 수감된 죄인을 유심히 볼 필요가 있다. 다수의 죄수들은 과거에는 그다지 큰 범죄로 취급하지 않던 행위를 저질렀으나 새로운 처벌 제도에서 처벌 대상이 된 사람들이었다. 이들 다수는 음식을 훔치는 등의 경범죄를 저지른 사람이나 노동하지 않는 거지나 유랑자였다. 이들에게 노동의 가치와 자본주의 경제 질서를 습득하게 하는 것이 사회 혼란을 해결하는 근본적인 방법이라 여겨졌으며 감옥은 이를 위한 교육 장소였다. 특히 박애주의 개혁자들은 감옥을 징벌하는 곳이라기보다는 정신을 치료하는 곳으로 여겼다. 나아가 당시이 정신병을 치료하는 의사들은 범죄는 '질병처럼 다루어야' 한다고 강조했다. 즉 수용실은 '범죄의 진정한 의무실'이며 감옥은 '정신의 병원'인 것이다. 이러한 관점은 벤담에게도 영향을 끼치는데, 감옥 이외에 파놉티콘의 중요한 적용 대상이 바로 학교와 병원이었다는 점에서도 이를 확인할 수 있다.(19, 25쪽) 실제 건축사의 흐름에서도 병원은 근대 감옥 건축이 등장하는 과정에서 중요한 모델로 간주되었으며 근대 학교 건축은 감옥 건축에 많은 영향을 받았다.

이처럼 벤담이 파놉티콘을 구상한 시기의 유럽, 특히 영국에서 감옥은 당면 과제였다. 그런데 감옥은 법제화되는 과정에서 많은 문제를 지니고 있었다. 갑작스레 등장한 새로운 방식의 처벌은 이전의 다른 대부분의 처벌 방식들을 대체하기 때문에 엄청나게 많은 감금 시설, 즉 감옥을 필요로 했지만 국가는 이를 수행할 준비가 되어 있지 않았다.

한편 벤담이 자주 언급한 감옥 개혁주의자 하워드는 많은 사람들이 방문하기조차 꺼리던 곳이며 버려진 공간인, 영국과 유럽 대륙의 감옥을 일일이 방문한 후 방대한 조사의 결과물이자 그때부터 처벌 체계 연구의 고전이 된 1777년 저작《영국과 웨일즈 감옥 상태 그리고 몇몇 외국 감옥과 병원의 사전조사와 통계 *The State of Prison in England and Wales, with Preliminary Observations and an Account of some foreign Prisons and Hospitals*》에서 다수의 감옥과 병원 시설의 문제를 자세하게 드러냈다. 수감 인원 초과 문제(24명을 수감해야 하는 공간에 140명을 수감한 뉴게이트 감옥), 공간 활용 문제(불합리한 배치), 위생 상태 문제(환기조차 되지 않는 열악한 환경으로 인한 전염병인 감옥열병) 등의 문제가 특히 심각했다. 게다가 당시 감옥은 바깥 사회로부터 완전히 고립되지 않아서 돈만 있으면 온갖 것을 살 수 있고 특권을 누릴 수 있었으며 수많은 위험한 범죄가 발생하는 장소였다. 수감자들은 이곳에서 더욱 부패하고 타락했다. 더욱이 감시와 감독이 불완전했기 때문에 탈옥이 자주 발생했는데, 이 문제에 대한 해결책이라고는 수감자들을 함께 묶어놓는 것밖에 없었다.

당시 영국은 급증하는 범죄자를 수용하는 시설의 부족과

사회 내의 불안을 해소하는 방식으로 범죄자들을 식민지로 유배 보냈다. 주로 아메리카 식민지로 유배 보내던 영국의 치안 정책은 1776년 발생한 미국 독립혁명으로 더 이상 유배가 불가능해지자 심각한 문제를 노출하게 되었다. 이로 인해 개혁주의자들은 감금 체계 전반에 개혁이 필요하다는 데 합의함으로써 감금 시설에 대한 논의는 전환점을 맞게 되었다. 그리하여 1779년 하워드의 영향을 받은 감옥 법령이 발효된다. 여전히 이론적인 초석은 미비했지만, 처벌 체계를 다양화하고 감옥을 구원과 규율의 공간으로 만들려는 시도가 진행된다. 이 개혁은 매우 이상적이었는데, 개인별 고립 감금과 종교적 교화를 중시하며 도덕적 외개토서의 순수한 노동을 강조하고 근면한 수감자에 대해서 처벌 감면 내용을 담고 있다. 그러나 효력은 미미했다.

이러한 방식의 감옥은 벤담이 지적한 것처럼 건설하는 것뿐 아니라 유지하는 데 막대한 자본이 요구되었고, 당시의 현실적 상황 즉 감옥이 턱없이 부족하다는 사실을 고려하지 않고 단지 인류애만을 강조했기 때문이다. 그 와중에 1780년에 발생한 고든 폭동[29] 후에 같은 곳에 새로 건설된 뉴게이트 감옥 등의 새로운 감옥들은 진정으로 개혁된 새로운 것이 아니었다. 낡은 시스템의 남용은 계속되었다. 죄인들은 이미 폐쇄 결정이 난 옛 감옥이나 개조한 낡은 배에 수감되곤 했다. 무기력한 경찰과 법원은 일관성 없는 정책을 남발하며 혼란을 자초했다. 결국 유배 지지자들이 권력을 다시 잡게 되면서, 아메리카를 대신할 유배지로 쿡 선장이 1770년에 상륙한 오스트레일리아가 결정되었다. 1787년 11척의 배가 575명의 남자와 192명의 여자 그리고 18명의 어린이를 태우고 출발했다. 이들이 1788년에 상륙한 오스트레일리아 유배 식민지는 영국에서 논란의 대상이 되었고 쓰레기 방출로 귀착된 사회이자 실패의 상징이 되었다.[30]

이러한 비인간적인 처벌과 현실과 괴리된 이상적인 감금 체계는 명백한 한계를 드러냈다. 그리고 이것은 벤담이 유용성과 효율성을 바탕으로 중앙 감시의 원리와 일반화된 감시 그리고 공간의 엄격한 구성과 설비에 바탕을 둔《파놉티콘》을 쓰고 제안하게 된 맥락이다. 벤담은 유배를 반대한다는 점에서 개혁주의자들과 입장을 같이하지만, 자본주의의 효율적 시스템을 도입한다는 점에서 종교적 관용을 중시하여 무상 제공 등의 지나친 호의(예를 들면 일주일에 2회 육류 제공)를 주장한 하워드 등의 개혁론자들과는 구별된다.

(3) 파놉티콘 구상

벤담은 1785년에서 1788년 사이에 이탈리아, 콘스탄티노플을 거쳐, 동생 새뮤얼을 만나기 위해 남부 러시아에 갔다. 그가 여기서《파놉티콘》을 쓰게 된 것은 우연의 결과였다. 벤담은 1786년 남부 러시아 크레체프에 머무는 동안 파놉티콘을 구상한다. 그는 처음 자신에게 감옥의 건축 아이디어를 준 사람은 동생이라고 하며 동생 새뮤얼은 이를 러시아 농민들에게서 가져왔다고 하는데, 그 근원에 대해서는 더 이상 알아내기 힘들다.

오히려 새뮤얼에게서 파놉티콘 건축과의 직접적 연관성을 찾을 수 있는 것은 산업적 규율에 관해서다. 새뮤얼은 자도브라 항만에서 포템킨 시 산업화의 출발점이 될 공장 건설 작업을 이끌고 있었다. 그런데 영국에서 온 잘 훈련된 노동자들은 복종하지 않는 등 자주 문제를 일으켰다. 최소한의 비용으로 이 소란스러운 노동자들을 거주시키고 통제하기 위해 그는 '대략 2,000명의 사람들을 위한 산업 시설'의 조안을 그렸다.[31] 벤담은 이 계획의 단순성과 경제성에 매혹됐다. 공간을 효율적으로 조직함으로써 한 사람의 감시만으로 다수를 통제할 수 있다는 것을 일깨워준 한 줄기 광명이었다. 결국 파놉티콘의 원형은 영국 엔지니어에 의해 실현된 러시아식 작업 캠프인 셈이다.

(4) 파놉티콘, 절반의 성공

1786년 벤담은 무명의 수신자를 가정해 21통의 편지를 썼다. 여기에는 영국의 어느 한 도시에 세워질 감옥, 즉 파놉티콘에 대한 계획이 담겨 있었다. 파놉티콘에 대한 정밀한 설명과 연관된 기술적인 세부 사항을 담고 있는 이 편지들이

한 권의 책 《파놉티콘 혹은 감시의 집》으로 더블린 출판사에서 출간된 것은 1791년이다. 같은 해 런던에서는 이 책과 더불어 건축가와 상의를 거쳐 자세한 건축 사항을 수정·보완한 《파놉티콘 추가본 1·2》이 함께 출간되었다. 그런데 이 영어판들은 판매되지 않아 대중에는 알려지지 않았다.

한편 프랑스에서는 정치가 미라보Honoré Mirabeau의 비서이자 벤담의 신봉자였던 뒤몽[32]이 영어판을 편지 형식으로 요약해 '파놉티콘—감시 시설, 특히 감옥에 대한 새로운 원리에 관한 논문Panoptique ∶ Mémoire sur un nouveau principe pour construire des maisons d'inspection, et nommément des maison de force'이라는 제목을 붙였다. 이는 프랑스 파훼법원tribunal de Cassation, 破毀法院[33]의 의장이자 국회의원으로, 형사법의 개혁을 위한 위원회의 위원인 가랑 드 쿨롱Garran de Coulon에게 보내졌다. 벤담은 이 논문에 가랑에게 쓴 편지 한 통(1791년 11월 25일자로 서명)을 앞에 추가했다. 이 편지에는 프랑스 국회에서 읽히기를 바라는 열망이 표현되어 있다. "프랑스는 아무리 새로운 생각이라도 그것이 유용하다면 대대적으로 받아들여서 주시하며 국가 행정 모든 분야에 모델로 삼는 나라이고, 당신에게 보내는 이 계획안에 최고의 기회를 줄 나라입니다."(15쪽) 벤담은 자신의 시스템에 대해 다음과 같이 확실성을 표명했다. "이 모델을 가지고 감옥을 건설하도록 해주십시오. 그리고 저를 간수로 임명해주십시오."(15쪽)

벤담은 이 텍스트를 변호사이자 저널리스트로서 나중에 지롱드파의 지도자가 되는 브리소Jacques-Pierre Brissot, 프랑스 혁명기의 철학자이자 입법의회·국민공회의 의원이기도 했던 콩도르세Marquis de Condorcet나 빈민위원회Comité de mendicité를 설립한 라 로슈푸코 리앙쿠르Duc de La Rochefoucauld-Liancourt에게도 보냈다. 제헌의회는 이 논문을 토론 없이 법률위원회에 넘기고 바로 인쇄를 명령해 1791년에 '대중 구호 1번Secours public, N°1'이라는 제목으로 출판되었다. 결국 파놉티콘의 프랑스어 텍스트는 영어 텍스트와 거의 동시에 출간되었다. 서로 다른 상황에서 다른 역할이 필요했기 때문이다. 영어본은 전형적인 벤담의 방식으로 구체적이고 많은 것을 알려주려는 세부 사항으로 가득하며, 특히 파놉티콘의 계획안을 실현하기 위한 건축 요소가 매우 구체적으로 드러나 있다. 반면 프랑스 정치인들을 설득하는 것이 목적이었던 프랑스어 판본은 불 필요한 부분을 제거하고 중요한 부분만 압축·집약해서 명료화했다. 그러나 프랑스의 불안정한 정치 상황으로 인해 영어판과 마찬가지로 '판매'되지는 않고 '출간'만 되어 대중에 공개되지는 않았다. 이 내용은 단지 벤담이 제기한 논쟁을 통해 알려지게 되었다.[34]

(5) 파놉티콘 건설의 실패

파놉티콘 계획안의 건축적 실행은 출판만큼이나 불운했

다. 프랑스에서 책이 출간되던 시기에 파리 도(道)는 파놉티콘 계획의 실행을 만장일치로 채택하지만 실질적인 조치가 취해질 무렵에는 파리 도 자체가 헌법과 왕정 전복에 연루되어버렸다. 결국 파놉티콘은 1792년 루이 16세의 실각과 함께 그 실현은 무산된다. 프랑스에서의 행복한 출발에도 불구하고 더 이상 실행 기회는 없었다.

영국에서 벤담은 자신의 모든 에너지와 아버지의 유산을 쏟아 부었고 버틀러Charles Butler나 리벌리Willey Reveley 등 여러 건축가와 파놉티콘의 초안에 대해 작업을 하면서 실행을 구체화했다(〈그림 3~6〉을 참고하라). 1792년 3월에 그는 '파놉티콘의 건축, 그리고 관리 계획과 언급한 조건에 따라 수천 명의 죄인을 책임지는 방안'을 제안했다. 1794년에 이 제안이 받아들여져 벤담은 런던 배터시 강가에 건설될 감옥의 관리를 허가받고 계약을 하기에 이르렀다. 진행 과정에서 원래 계획된 토지 주인과의 협상은 실패하지만 벤담은 다른 쪽 강가, 즉 밀뱅크에 만 2,000~만 4,000파운드를 주고 토지를 살 수 있었다. 그러나 국회가 보상금으로 단지 2,000파운드만을 할당한데다가 이 사업마저 성과 없이 지연되자, 그는 파산했고 동생 집에서 칩거했다.

그런데 1811년과 1813년 사이에 새로운 국면이 전개되었다. 영국의 가혹한 처벌 체계를 개혁하기 위한 법률 개혁가 로밀리 경의 노력이 성과를 이루어 감옥 건설에 변화를 가져온 것이다. 밀뱅크 감옥 계획이 재개되고 벤담은 자신이 구입한 토지에 대한 보상으로 2만 3,000파운드를 받았다. 그러나 영국 정부는 파놉티콘보다 미국의 펜실베이니아 모델을 감옥 건축 계획으로 참고하게 되어 벤담은 더 이상 관여할 수 없게 된다. 벤담은 결국 "나는 더 이상 파놉티콘에 관한 서류에 눈을 돌리기가 싫다. 이는 마치 악마가 숨겨놓은 서랍을 여는 것과 같다"[35]라고 말하면서 파놉티콘에서 손을 뗀다.

3. 파놉티콘 건축

벤담은 감옥이 "죄수들이 바른 행동을 하도록 교화를 보장하고, 지금까지 신체적·정신적 타락으로 오염된 건강과 청결, 질서, 근면을 확고하게 하며, 비용을 감소시키면서도 공공의 안전을"(20쪽) 이루어야 한다고 했으며, 자신의 건축 계획안은 이러한 것을 모두 할 수 있는 '간단한 건축 아이디어'라고 단언했다. 이 아이디어는 "[감옥에서] 진행되는 모든 것을 한눈에 파악할 수 있는 능력을 의미하는"(23쪽) '파놉티즘pano-ptisme'이다.

이 계획안의 공간은 두 개의 동심원형 건물로 구성된다. 즉 바깥 쪽에는 수감자 수용실인 6층(다른 계획안에서는 4층)

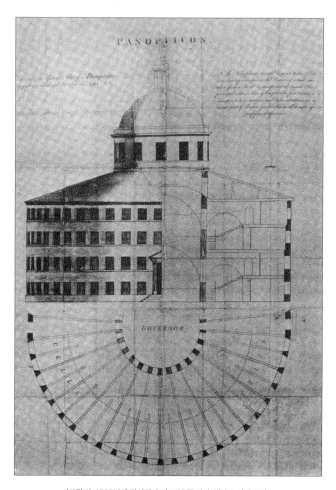

〈그림 3〉 1787년에 작성된 초기 도면 중 하나(대영 도서관 소장)

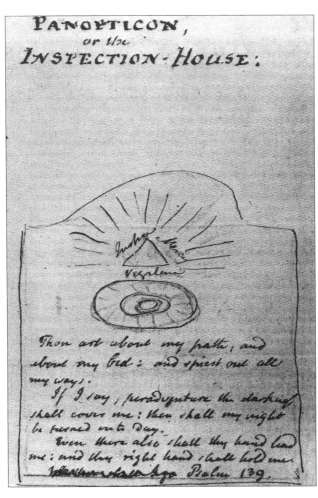

〈그림 4〉 파놉티콘에 수록하기 위해 작성한 스케치(런던 대학 소장)

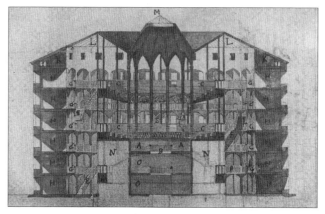

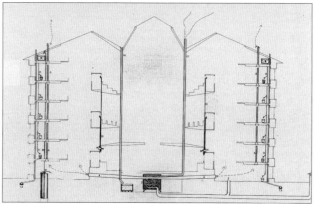

〈그림 5〉 1791년에 작성된 건축 단면과 설비 계획안. 이 설비 계획안에는 음성으로 명령을 내리는 관이 있다(런던 대학 소장)

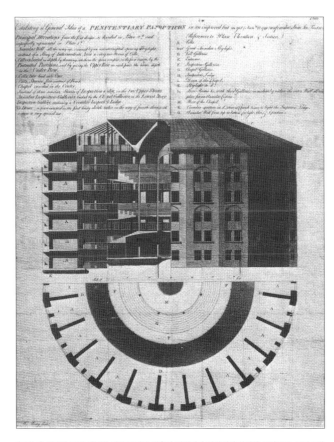

〈그림 6〉 벤담과 동생 새뮤얼 벤담 그리고 건축가 리벌리가 협력해서 작성한 도면으로, 프랑스판
《파놉티콘》에 수록된 도면. 〈그림 1〉과 약간 차이가 있다(런던 대학 소장)

짜리 고리형 건물이 있고, 중앙에는 바깥쪽 건물보다 시선이 높은 적은 수의 층이 있는 탑이 있다. 이 탑 한 층은 수용실 두 층을 감시할 수 있다. (특히 초기 안들에서) 이 중앙 탑은 완전무결한 전능의 시선을 지닌 감시 장치로서 절대적인 우선성을 지닌다. 이 탑은 둘레의 빈 공간으로 인해 완벽하게 고립되어 있고, 이곳에 있는 감독관은 수감자를 감시하지만 조명, 발, 덧문 등의 장치를 이용해 자신의 모습을 감출 수 있다. 또한 금속관을 설비해 감독관은 직접 수감자에게 가지 않고도 명령할 수 있다.

이처럼 파놉티콘은 중앙의 감시탑에서 각 수용실을 단번에 파악할 수 있는 구조로, 널리 알려진 시각 원리 즉 보는 것과 보이는 것을 분리할 수 있는 건축 장치다. 벤담은 여기서 이 감시 권력이 가시적이지만 확인할 수 없는 것이 되어야 한다는 원칙을 세운다. 감시탑에서는 모든 것이 보이지만 각 수용실에서는 감시탑의 상황을 알 수 없다. 즉 감시의 주체가 드러나지 않는 것이다. 누가 감시하는지 모르지만 항상 감시되고 있는 상태, 이를 가능하게 하는 것이 파놉티콘이다. 그리고 푸코가 분석했듯이 이 장치는 자동 규율 장치로 확장된다. 수감자는 항상 자신이 감시받는다고 느끼고 스스로를 감시하며 자기 통제를 내면화한다.

(1) 수정과 실현에 관하여

런던 대학의 수기 자료에서 찾아낸 다양한 도안들을 보면, 파놉티콘의 도면이 여러 차례 수정되었음에도 그 원리는 거의 변화하지 않아서, 한 장소에서 한 사람의 시선을 통해 단일한 권력을 유지한다. 물론 초기 안들은 수정되기도 했다. 특히 탑과 고리형 건물 사이의 소통 장애는 계단(처음에는 이동식이었으나 곧 고정식으로 변경)을 설치해 극복했다. 이 과정은 건축가 리벌리의 도움이 있었기에 가능했다. 또한 벤담은 원형을 더 선호하기는 했지만, 변형하는 데도 반대하지 않았다. 거주하기 편한 다각형이나 반원형을 지지하기도 했다. 그러면서도 상대적으로 제한된 규모나 작은 모듈에 충실했는데, 작은 단위를 병렬하거나 연결시키는 것만으로도 큰 규모의 건물에 적용할 수 있기 때문이었다.(26쪽)

벤담은 자신의 계획안을 다른 건축물에까지 확장하려 했다. 대표적인 것이 식물의 학명처럼 명명된 '크레스토마시아 chrestomathia'라 불리는 학교로 상당히 구체화되어 교사, 감독관, 학생의 세 구성원이 위계적으로 조직되었다.[36] 벤담은 스스로 교사가 되기 위해 자신의 정원 끝에다 이 학교를 세울 것을 바랐고 건축 도면까지 구상했다(〈그림 7〉을 참고하라).

또한 벤담에게 감옥은 공장이고 공장은 감옥이 되어야 했다. 이들은 같은 조직을 지니고 있어 감옥 파놉티콘은 공장 파놉티콘으로 전환될 수 있다. 그는 지속적인 감시가 유지되는 감옥-공장을 위한 계획을 제안하면서 동생이 크레체프에서 구상한 산업 시설 초안을 모델로 자신의 저서에 수록했다. 이 건축은 5층으로 된 십이면체 건물이며 각각에 배치된 주거 단위는 완벽하게 규격화되어 있는데, 부부 침대는 독신자 침대 2개나 아기용 요람 4개로 대체할 수 있다(〈그림 2〉를 참고하라). 이런 점에서 볼 때 이 건축은 파놉티콘을 일반 사회로 확장한 하나의 모델인 것이다.

이러한 일련의 작업은 건축 영역에서 벤담이 이룬 여러 가지 혁신을 보여준다. 우선 이제 막 조심스럽게 등장하는 기능주의에 대한 놀랄 만한 집착이다. 또한 새로운 재료 즉 철과 유리를 사용했을 뿐 아니라[37] 이 재료를 이용한 내부 소통 시스템, 환기, 난방, 빗물과 연기의 배출 등 내부 설비에 대해 철저하게 연구했다.[38] 건축에 대한 벤담의 이러한 정성은 주위 환경이 인간을 형성하는 데 많은 영향을 준다는 확신에서 온 것이었다.

그러나 벤담의 모델은 당시 건축물에 그다지 큰 영향을 미치지 못했다. 역설적이게도 가장 순수한 파놉티콘은 한참 후에야 등장한다. 1886년 네덜란드의 브레다와 아른헴, 1901년 할렘 등에서 생겨났고, 특히 건축가 해먼드C. H. Hammond가 계획한 파놉티콘의 우울한 싹으로 미국 일리노이 주의 스테이트빌 감옥이 1925년에 문을 열었다.

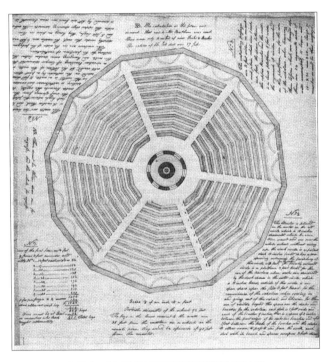

〈그림 7〉 크레스토마시아 도면 계획안(1816)(런던 대학 소장)

(2) 다양한 건축적 기원과 파놉티즘

그런데 벤담 이전에는 파놉티즘이 존재하지 않았는가? 어느 날 갑자기 파놉티콘이 등장해 이후의 많은 건축물에 영향을 준 것인가? 파놉티즘의 건축적 근원인 중심화된 건물이나, 감시를 중시한 원형 건물이 이전에 전혀 없었던 것은 아니다. 기능을 중시한 사고의 영향으로 이 시기에 크게 발전한 생리학과 의학에서 유래한, 공기 순환을 위해 각 건물이 외부로 열리는 구조를 갖추면서, 중심화되고 기능적이며 상징적인 방식의 거대한 위생 시설, 특히 병원 계획안이 쏟아져 나왔다. 의사 프티Antoine Petit는 〈병원 건축의 최적 방식에 관한 논문Mémoire sur la meilleure manière de construire un hôpital〉(1774)에서 방사형 복도가 있는 원형의 배치를 추천했으며, 건축가 푸아예Bernard Poyet는 화재로 소실된 파리 시립병원의 재건축 계획안(1785)에서, 예배당을 둘러싼 방사형의 거대한 원형 건물을 제안했다. 이 계획들은 파놉티콘처럼 중심이 강조됐으며 나중에 널리 건설되는 방사형 감옥들과 연관성을 보여준다.[39] 도면이 주는 상징적 이미지에서 더 나아가지 못했지만 병원 계획에서 발견되는 중심성이 감옥 건축 모델의 기원이 된 것은 분명하다.

이 사례들에 비해 같은 감옥 건축으로서 파놉티즘과 직접적인 관계를 보여주는 것이 1771년 프랑스(현재는 벨기에)에 세워진 강 감옥이다. 이는 주로 산업화된 공장을 지닌 감

〈그림 8〉 스테이트빌의 내외부[40]

푸아예, 파리 시립병원 재건축을 위한 계획안(1785)(프랑스 국립도서관 소장)

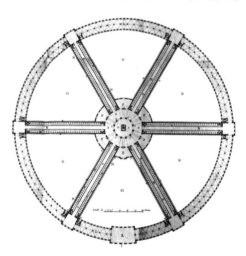

프티, 파리 병원 계획안(1774)(프랑스 국립도서관 소장)

〈그림 9〉 1700년대 프랑스의 병원 건축 계획안

옥으로 알려졌지만, 초기 생성 과정은 감금의 종합 모델로서 감옥과 병원의 중간 형태에서 감옥으로 분화되는 과정을 잘 보여준다. 이 감옥은 근대 감옥이 생성되던 당시에도 이미 파놉티콘이나 미국식 모델의 기원으로 종종 거론되곤 했다. 강 감옥의 기본적인 형태는 타원형의 팔각형이며 중앙에 있는 건물은 전체 모습을 축소한 형태다. 출입구를 제외한 7개의 구역은 각 중심 건물을 에워싸고 있으며, 이 사이가 분리되어 있지는 않지만 중앙에 관리와 감시를 위한 시설이 자리 잡고 있어 직접적으로 파놉티콘을 연상시킨다.[41]

한편 푸코가 생각하는 파놉티콘의 건축적 기원은 프랑스의 건축가 르 보Louis Le Vau가 베르사유에 신설한 농물원이다.[42] 푸코는 단지 벤담이 이를 언급하지 않았을 뿐이라고 말한다. 이 동물원은 강 감옥처럼 중앙의 팔각형 건물의 각 면에 7개의 동물 우리 입구와 출입구가 하나 있으며, 2층의 왕의 객실에서는 모든 면에 있는 커다란 창문을 통해서 각 우리의 동물들을 쉽게 구경할 수 있다. 이는 당시 박물학의 영향하에서 이루어진 것으로, 구성 방식이나 건축적 형태, 특히 시선의 방식이 지니는 파놉티즘을 확인할 수 있다. 그러나 파놉티콘이 구상될 당시에는 이미 오래전에 구조가 변형되고 더 이상 운영되지 않는 상태였기 때문에 벤담이 이 동물원을 알았는지는 알 수 없다.

앞서 언급한 것처럼 당시에는 많은 건축에서 중심성의 시

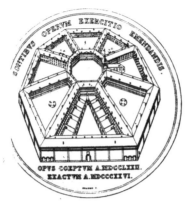

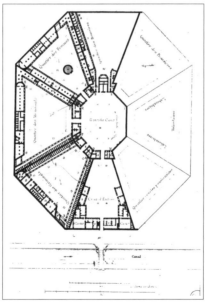

빌랭V. J. P. Vilain 14세(프랑스 국립도서관 소장)

〈그림 10〉 1771~1775년의 강 감옥 계획안

각적 특성에 관한 실험들이 지속되고 있었다. 실제적으로 중앙 감시의 원리가 적용된 것으로 파놉티콘 이전에 가장 널리 알려진 것은 건축가 르두Claude Nicolas Ledoux가 계획하여 1775~1779년에 왕립 제염소製鹽所를 위해 세운 아르케 스낭 마을이다. 이는 특히 집중화와 개별화, 즉 파편화와 중앙 감시를 결합해 전체적인 원형 구성의 이상을 실현한 대표적인 예다.[43] 정중앙에 있는 관리자의 집은 토대가 높게 설계되었으며, 내부에 예배당이 있고 눈을 상징하는 둥근 창을 냈다. 파놉티콘이 전원 모델이라 할 수 있는 이 제염소 마을은 정치적 유토피아의 표현으로 감시의 기능성과 중심의 상징성이 잘 결합하여 조직되었으며, 건축 형태적으로도 조화를 이룬다. 그러나 이 건축은 전체 계획 중 절반만 실행되어, 이상적이지만 실재하지 않는 가상의 유토피아로 남았다.

그렇다면 이런 건축들과 달리 파놉티콘 건축만이 가지는 고유한 특징은 무엇인가? 당시에 다른 건축들이 외적 표현을 통해 건축을 정의하려는 표상의 방식[44]이나 중심을 강조하는 상징성에 기능성을 결합했다면, 벤담은 근대적 합리주의와 기능주의에 기반을 둔 공간 구성에 초점을 맞췄으며 상징성이나 외적 표상은 부차적인 요소일 뿐이었다.[45] 더욱이 이 공간 장치를 사용하는 구체적인 관리의 방식은 완벽하게 프로그램화된 기계처럼 건축을 기능하게 한다. 벤담이 건축의 잠재성으로 간주한 놀라운 기능의 발견, 즉 파놉티즘은

초기 계획안

현재 모습

〈그림 11〉 르두가 설계한 아르케 스낭 마을

근대 이후 오늘날까지도 영향력을 지니고 있다.

(3) 파놉티콘의 후예

비록 당대에는 엄격한 의미의 파놉티콘이 실현되지 못했지만, 벤담에 의해 제시된 중앙 감시의 원리인 파놉티즘은 감옥 건축을 점점 변화시켰다. 영국에서는 1820년대를 기점으로 파놉티즘이 대부분의 건축 계획안에서 중요한 참고사항이 된다. 이 과정에서 런던의 '감옥규율 개선을 위한 모임'이 중요한 역할을 한다. 이 모임은 1820년에 기본적으로 파놉티즘 원리를 채택하고 감옥 건설을 위한 유형을 제시하고자 건축가 앤슬리George Ainslie와 불러G. T. Bullar에게 4개의 모델(각각 28명, 60명, 120명 그리고 400명을 수감하는 감옥)을 디자인하게 했다. 이 모델은 형태와 규모는 다르지만 공통적으로 파놉티콘의 감시탑이라 할 수 있는 '관리자의 집'에 감시 권력을 집중시키고 있다. 같은 해에 벤담의 《상벌론*Théorie des Peines et des Réompenses*》에 기반을 둔, 커닝엄Francis Cunningham 경의 〈수감자의 분류만큼 다양한 10개의 구역을 갖춘 감옥 건설을 위한 관리〉에 수록한 200명을 위한 감옥 평면에서도 불러는 이 원리를 적용해 구상했다.[46] 이는 '개량된 계획안'으로 언급되어 널리 알려졌으며, 많은 건축가들은 이 계획안을 구하기 위해 런던으로 갔다.

한편 프랑스에서는 벤담의 저작이 출간된 직후에 있었던

일시적인 각광 이후 눈에 띄는 변화는 없었다. 당시 일반적인 감옥은 혁명 당시 몰수한 기존의 건물을 용도 변경해 개조한 것이거나(대표적인 예가 몽 생 미셸로 알려진 성당 성채다), 병원과 같은 직사각형 형태가 주류였다. 당시 프랑스 개혁자들의 눈에 파놉티콘이 어떤 인상을 남겼는지는 뒤몽의 진술을 통해 추측할 수 있다. "모조리 포악한 것으로 일반화하는 데는 아주 짜증이 난다. 이들에게는 이러한 종류의 건축이 단지 지옥의 이미지로 알려졌다."47 그러나 파놉티콘 아이디어는 천천히 건축 전반에 스며들었다.

1825년 파리에서 열린 감옥 모델 콩쿠르는 프로그램으로 파놉티콘 자체를 거론하지는 않았지만 건축 배치에서 감옥의 모든 감시가 단 한 사람, 많아야 두 사람에 의해 이루어지기를 요구했다.48 그리고 이 콩쿠르에서 채택된 건축가 르바 Hippolyte Lebas의 계획안이 실현된 것이 바로 라 프티 로케트 감옥이다. 파놉티즘의 공개적인 첫 실현은 프랑스에서였다. 이는 파놉티즘이 실현된 최초의 사례라고 볼 수 있지만, 외부적인 형태만 유사할 뿐 실제로 파놉티즘이 실행되기는 어려운 구조였다. 중앙에 완전히 분리된 독립적인 원형 건물이 있고, 둘레에 수감자들을 위한 건물들이 마치 바퀴 형태를 연상시키는 공간 구조로 구성되어 파놉티콘과 유사해 보인다. 하지만 중앙 탑과 둘레 건물은 이 두 건물을 연결하는 수직 시설 때문에 시야를 확보할 수 없어서 개개인을 직접적으

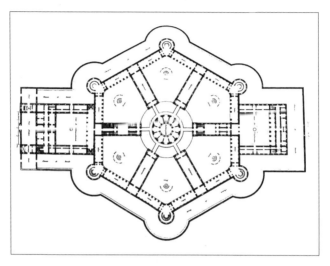

〈그림 12〉 르바Hippolyte Lebas, 라 프티 로케트 감옥 도면

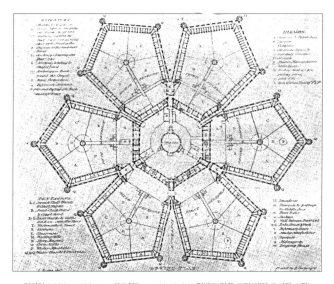

윌리엄스William Williams · 하드윅Tomas Hardwick, 밀뱅크 감옥 도면(대영 도서관 소장)

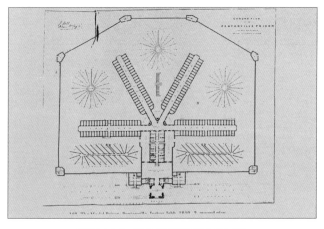

제브M. J. Jebb, 펜톤빌 감옥 도면(대영 도서관 소장)

〈그림 13〉 방사형 감옥의 대표적인 사례

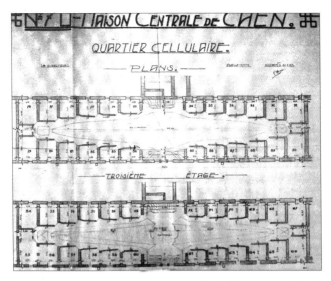

블루에Abel Blouet, 보리외 감옥 도면(전체 감옥 중 일부만 새로 만들었다)(프랑스 국립도서관 소장)

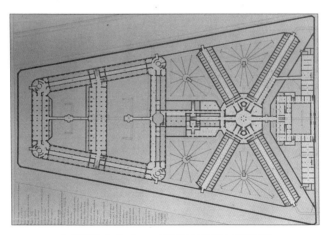

보드르메르Emile Vaudremer, 상테 감옥 도면(프랑스 국립도서관)

로 감시하기는 어렵다.[49]

파놉티즘의 영향하에 중심화된 공간 구성은 라 프티 로케트 감옥을 시작으로 방사형 등으로 다양화되면서 1830~1840년대 이후 확실하게 주도권을 차지한다. 영국의 밀뱅크 감옥과 펜톤빌 감옥, 프랑스의 보리외 감옥과 상테 감옥이 이 시기에 세워진 방사형 감옥의 대표적인 사례다. 그러나 이 감옥들에서는 파놉티콘과 같은 원리를 수행할 수 없다. 도면만 보더라도 실제적으로는 중심 공간에서 각 수용실 내부를 볼 수는 없으며 입구 정도만 관찰할 수 있을 뿐이다.[50]

그런데 여러 시각적 공간 장치가 파놉티콘의 원리와 직·간접적으로 관련을 맺고 있음에도 정작 파놉티콘은 왜 받아들여지지 않았는가? 직접적인 원인은 몇 가지로 요약할 수 있다. 첫 번째는 공간 규모가 확대될 경우에 발생하는 문제 때문이다. 시각적인 한계 때문에 감시탑에서 각 수용실을 감시하기 어렵다. 그래서 파놉티콘의 연장선상에서 계획된 어떤 감옥은 감시탑에 망원경을 달아두기도 했다.[51] 두 번째는 수용해야 할 인원이 너무 많다. 그런데 완전한 파놉티콘은 많은 수감자를 수용할 수 없었고 공간이 턱없이 부족한 당시 상황에서 이는 사치로 여겨졌다. 세 번째는 당대 사람들의 인식이다. 박애주의가 전성기를 구가하던 시기에 파놉티콘은 무척 비인간적으로 여겨졌다. 네 번째는 새로운 공간 모델의 등장이다. 특히 널리 확산된 미국 모델들(주로 방사형)

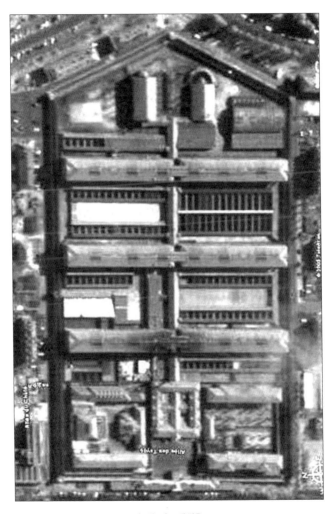

〈그림 14〉 프렌 감옥

은 부분적으로는 파놉티콘의 원리를 따르지만 보다 넓은 수감 공간을 확보해주며 보다 인간적으로 여겨져서 굳이 힘들여서 벤담의 모델을 적용할 필요가 없었다.

19세기 말에는 파놉티즘에서 완전히 벗어난 새로운 감옥 모델이 등장한다. 방사형 평면을 계승하지만 전체를 감시하는 중앙 공간이 없는 프렌 감옥이 바로 그 출발이다. 놀라움을 안겨주며 문을 연, 전신주라고 불리는 이 감옥 구조는 중앙 공간 축에 수직으로 수용실 건물을 배치했다.[52] 수용실을 포함하는 소규모 건물들이 중심을 향해 모여 있는 것이 아니어서 전체 감시가 불가능하며 단지 각 건물 안에서 개별 감시가 이루어진다. 이를 통해 원칙적인 파놉티즘을 대신하는 효율적 감시가 등장한 것은 사실이다. 그러나 중앙 감시라는 이상적인 신화가 사라졌을 뿐 '시각 감시'가 완전히 사라진 것은 아니었다. 단지 중앙의 전체 감시(파놉티즘)에서 '다각적인 감시(멀티옵티즘multi-optisme)'로 분산·확산된 것일 뿐이다.[53]

4. 파놉티콘 관리 방식과 노동

파놉티콘 내에서는 어떠한 관리 방식으로 수감자를 다루려 했는가? 벤담은 파놉티콘의 공간 구조보다 관리 방식에 많은 설명을 할애했다. 우선 그가 생각하는 감옥의 목적을 살펴보자.

고통의 본보기를 통해 범죄 모방 불식, 수감 기간 동안 수감자의 무례함 예방, 수감자 사이의 예의 유지, 수감자의 거주지 청결과 건강 관리, 탈옥 예방, 석방 후 생계 수단 마련, 필요한 교육, 올바른 습관 형성, 부당한 대우에서 보호, 처벌의 목적에 위배되지 않는 한도 내에서 복지 제공 그리고 이러한 모든 것은 경제적인 방식으로, 싱과 시양석인 행정 방식으로, [앞에서 말한 것과 같은] 대중 감시하의 관리 책임자나 그 책임자의 지배 아래 고용인들을 두는 내부적인 감시 종속방식으로 이루어져야 한다는 것이다. 이렇듯 감옥 시설은 다양한 목적을 수행해야 한다.(35~36쪽)

어떠한 방식으로 이 많은 목적을 달성할 수 있을까? 앞에서 언급한 것처럼 당시에는 처벌에 대한 두 가지 관점이 있었다. 즉 엄격하게 죄인을 다루는 방식(예를 들면 유배)과 정반대로 종교적 인간애를 강조하는 방식이 경쟁했다. 벤담은 양자를 모두 비판하면서 수감자를 다루는 새로운 원리를 제공하고자 했다. 벤담은 이를 세 가지 원칙으로 요약한다. 첫번째 고통 완화의 원칙은 죄수를 지나치게 엄격하게 다루는 것에 반대한다. 열악한 환경의 감옥에 수감된 죄수가 병에 걸리거나 고통을 받음으로써, 직접적으로 신체에 형벌을 가하는 것보다 가혹한 처우를 받거나 자신이 저지른 범죄에 비해 더 큰 처벌을 당하는 경우가 나타났기 때문이다. 두 번째 엄격함의 원칙은 반대로 지나치게 인류애를 강조함으로써 수감자에게 무고한 사람보다 좋은 대우를 하는 것을 막기 위한 것이다. 특히 벤담은 하워드가 제안한 일주일에 두 차 육류를 제공하는 것은 지나친 호의라며 반대한다. 세 번째 원칙인 경제성의 원칙은 벤담의 주장의 핵심을 담고 있다. 감옥은 철저하게 경제성의 원리에 따라 움직여야 한다. 이는 감옥 운영으로 기대되는 이익과 손실을 정교하게 계산함으로써 공리주의의 유용성 원리와 직접적으로 연결된다.

즉 벤담에게 처벌을 정당화하는 것은 다수의 유용성, 더 정확하게 말하면 필요성에 부합하는 것이다. 이러한 맥락에서 벤담은 신체에 대한 처벌에 저항한다. 그는 '이 처벌은 이익으로 전환할 수 있기는커녕 분명한 손실이며 국가나 다수의 사람을 부유하게 할 수 있는 수단을 버리는 것'이라고 말하며 특히 사형제도에 반대한다. 결국 그가 처벌 체계에서 무엇보다 우선하는 것은 유용성과 이익인 것이다.[54]

(1) 근대의 노동과 감옥

그렇다면 유용성과 경제성은 무엇을 통해 이루어지는가? 바로 '노동'이다. 18세기 말 노동에 대한 가치 부여는 가히 절대적이었다. 노동이 새로운 인간을 창조해 국가의 부에 도움을 주며 산업에 있어서도 이윤을 제공한다는 주장은 산업화의 증인인 벤담다운 생각이다. 그는 "노동, 그것은 부유함의 아버지이며, 가장 훌륭한 재산인데도 왜 저주로 묘사하려 하는가?"(53쪽)라고 말하는데, 동일한 맥락에서 유명한 유토피아주의자 생 시몽Saint-Simon의 제자인 앙팡탱B.-P. Enfantin을 만날 수 있다. 앙팡탱은 "오늘날 인간성은 더 이상 예수의 시대처럼 순교자에게 가는 것이 아니다. 인간성은 노동에로 간다"[55]라고, 극적인 방식으로 노동 생산에 무한한 가치를 부여했다.

그런데 감금 체계에서 노동은 바깥 세계와는 다른 유형의 것이다. 감옥에서 특히 필요한 것은 노동을 통해 죄인을 교정하는 것, 즉 노동에 의한 노동을 위한 규율이며 생산에 의한 생산을 위한 규율이다. 그래서 수감자를 노동하는 개인으로 변화시키는 종합적인 규율이 요청되었다.

(2) 감옥의 노동과 분업

수감자들이 어떻게 노동을 생산적이고 효율적으로 하도록 할 것인가? 그리고 어떻게 수감자들을 노동에 유용하도록 만들 것인가? 이를 위해서 감옥 내에서 무엇보다 필요한 것은 바로 수감자를 분류·구분하는 것이다. 왜냐하면 이미 감옥에 있던 공장들이 큰 효과를 거두지 못했던 것은, 전혀 관련 없는 죄인들을 무작위로 수감함으로써 효과적인 노동을 조직하기가 힘들었고 통제하기도 무척 어려웠기 때문이다. 벤담은 《파놉티콘》에서 성별 구분이나 범죄의 등급에 대한 구분을 언급했다. 또한 다른 글에서도 그가 분류의 중요성을 인식하고 있었음을 짐작할 수 있다.[56] 통제를 위해서는 인구 조사가 필요했다. 근대의 체계적인 관리는 인간이나 사물에 대한 정확한 수량 조사를 바탕으로 가능했다.

인구 조사를 한 후에는 등급화를 한다. 벤담은 〈극빈자 분류표Pauper population table〉에서 연령, 성별, 건강의 등급 등을 포함하는 47열의 분류표 모델을 제공하기도 했다.[57] 이 표는 노동의 유용성에 따라 각 개인을 등급화한다. 우선적으로 노동이 가능한지 불가능한지를 구분한다. 노동이 불가능한 사람(불구자, 광인, 분별없는 사람, 어린아이)들은 특별한 시설에 수용하고, 개개인의 적성별로 범주를 만들며, 가능하다면 광인이나 장애인도 할 수 있는 노동을 찾아내야 한다. 벤담의 주된 관심은 모든 팔이, 모든 순간에 빠져나올 수 없이 긴밀하게 결합되고, 경제적인 필요를 위해 모든 생산적인 힘을 사용하는 것이다. 그는 이를 '모든 팔을 사용하는 원리'라고 말했다.[58]

해결책은 노동 분업이다. 업무가 세분화될수록 노동 행위의 단순성은 증가하며, 다양한 등급과 능력에 따른 분업이 가능하게 된다. 노동 분업에 있어서 유일하게 제한되는 것은 생산 과정에서의 이동이다. 따라서 공장은 연속적이고 상호 보완적인 작동에 유리하게 배치되어야 했다. 파놉티콘은 이를 고려해 계획된 것이다.

(3) 공동 노동과 수용실 체계

그런데 여기서 한 가지 오해를 피하고자 한다. 벤담의 노동 분업이 완전한 고립에 의한 개인별 노동은 아니라는 점이다. 벤담이 파놉티콘에서 이루고자 한 감금 방식은 개인 수용실 체계가 아니나. 벤담의 이러한 선택은 단순한 개인적 판단의 문제가 아니라 폭넓은 사회적 배경과 관련되어 있다. 우선 살펴볼 것은 그가 어떤 근거로 완전한 개인 감금을 반대했으며 그에게 완전한 고립의 의미는 무엇인가다.

이것과 정반대의 방식은 정신적 오염에서 수감자 각각을 완전하게 떼어놓기 위해 완벽히 고립시켜 반성이나 회개에 몰두하게 하는 것이다. 그러나 수많은 수감자들을 관찰했던 홀륭하고 공정한 하워드는 이 절대적 고립이 당장에는 효과적인 결과를 만들어내지만 그 효율성은 빠르게 사라질 것이며 불행한 수감자를 절망과 광기와 무감각한 상태로 빠뜨릴 것이라고 보았다. 텅 빈 영혼이 스스로 몇 달, 몇 년 동안 번민하도록 남겨졌을 때 기대할 수 있는 다른 결과가 있는가? 반발심을 순화할 수 있는 며칠 동안만 회개가 유효할 뿐이다. 그

러나 더 연장할 수 없다. 기나피나 안티몬은 일반적인 음식에
는 사용할 수 없다.(47~48쪽)

즉 고립 감금을 통한 정신 회개의 효과는 일시적이며, 이
것이 장기간 지속될 때는 절망과 번민에 빠지게 된다는 것이
다. 배가 난파되어 각각 고립된 섬에 머물게 된 선원들처럼
고립 감금에 처한 사람들에게는 누군가를 만난다는 것이 고
통을 완화할 수 있는 유일한 기회다.

특히 벤담은 개인별 감금을 경제성의 이유에서 논박한다.
완전한 개인 수용실 감옥을 건설하는 데는 돈이 많이 들 뿐
아니라, 각 개인 수용실의 채광과 청결 유지 비용 역시 배가
된다. 또한 개인 수용실에서는 공동 작업을 할 수 없기 때문
에 작업 선택의 여지가 축소된다. 마찬가지로 숙련된 기술자
에게서 도제 교육을 받게 할 수도 없고 공동 작업에서 발생
하는 활력과 경쟁심을 유발할 수도 없다.(48쪽) 또한 개인 수
용은 수감자가 노동의 가치를 배우게 함으로써 사회 조직에
익숙해지게 하고 사회 복귀 후에 필요한 자질을 갖추게 하려
는 벤담의 관심사와도 상충했다. 그러나 벤담이 과거처럼 많
은 무리를 한 공간에 뒤섞는 방식을 택한 것은 더더욱 아니
다.

그가 선택하는 제3의 방식은 개인별 감금도 아니고 대규
모 수용도 아니다. 수용실을 확장해 나이와 특성에 맞춰 적

당하게 두서너명을 함께 수용하는 것이다.(48쪽) 이는 사회성을 길러 사회에 나간 후에도 유용하며 노동 경쟁심을 유발하는 데 효과적인 방식이자 감시에도 적당하다. 결국 벤담의 모델은 엄격한 분리의 원리를 취하지만 완전한 고립을 거부하고 수감자의 사회성을 중시한다.

고립 감금의 문제는 벤담만이 아니라 19세기 전반 유럽의 감옥 관리 방식에 있어서 큰 논쟁 중 하나였다. 이 논쟁은 벤담이 감옥 건설을 포기하는 시기를 전후해 본격화되는데, 근대 감옥 탄생의 핵심이 살 느러나므로 파놉티콘과 연관 지어 살펴볼 필요가 있다. 이 논쟁은 이 시기 유럽에 미국식 모델이 유입되면서 표면화되었다. 논쟁의 주제는 이미 받아들인 '파놉티즘' 대신 어떤 '수감 체계'를 선택하는가였다. 특히 펜실베이니아 시스템(완벽한 분할과 개인별 수용 체계, 밤낮 구분 없는 개인 수용실 거주)과 어번 시스템(주간의 침묵 속 공동 작업과 야간의 개인별 수용 생활)으로 불렸던 두 미국 시스템[59]은 영국과 프랑스를 비롯한 유럽 전역에서 감금 체계 논쟁의 중심이 되었다. 벤담이 계획한 밀뱅크 감옥에 파놉티콘 대신 적용된 시스템도 바로 펜실베이니아 시스템이다.

완전한 개인별 수용 시스템의 유효성에 관한 논쟁은 전 유럽에서 1830~1840년대에 아주 격렬하게 진행된다. 이는 단지 감금 체계의 문제가 아니라 철학적 배경과 정치적 관점의 차이를 극명하게 드러내는 것으로, 유물론자와 유심론자, 급

진주의자와 보수주의자 간의 대립을 유발했다. 어번 시스템은 수도원 모델에 근거한 것으로, 사회 자체를 복제함으로써 범죄자가 '사교성의 습관'을 회복시켜 사회적 개인으로 자리 잡도록 훈련시킨다. 펜실베이니아 시스템은 엄격한 개인 고립 생활 속에서 각 수감자에게 내면의 양심에 귀를 기울이게 한다. 즉 어번 방식이 본질적으로 활력을 되찾은 사회 자체였던 데 비해, 펜실베이니아 방식은 소멸되었다가 다시 시작하는 삶이었다.[60] 파놉티즘은 이 두 체계 중 펜실베이니아 방식을 통해 더 비중 있게 실현되었지만 벤담의 노동과 인간 개선에 관한 관점은 어번 방식과 유사하다.

(4) 벤담의 관리 방식

감옥에서의 노동은 벤담에게서만 나타나는 것은 아니다. 많은 감옥에서 노동은 당시 감옥의 유지 비용 문제를 해결하는 방법이나 인간성을 회복하는 수단으로 중요한 주제였다. 따라서 벤담은 단순히 수감자를 처벌할 뿐 아니라 수익을 창출하고 사회의 요구에 부합하는 인간형을 만들어내는 합리적인 감옥 관리·운영 방안을 제시해야 했다.

벤담은 그의 철학의 핵심인 유용성에 기반을 두어 이 문제를 해결하고자 했다. 파놉티콘에서 가능한 두 가지 관리 방식은, 이전부터 해왔듯이 공공의 비용으로 유지하고 관리하며 이익을 공공의 재산으로 환원하는 '신뢰에 의한 관리'와 정부와 계약을 맺은 사업자가 수감자 인원에 따른 책임만을 지며 모든 것을 이익에 따라 하는 '계약에 의한 관리'다. 각각의 장단점을 거론한 후 계약에 의한 관리를 선택한 벤담은 이상적 자본주의자로서의 모습을 보여준다. 즉 수익을 창출하고 노동에 대한 의욕을 제공할 수 있는가가 중요한 기준이다. 아무리 개인적인 욕심이 없고 일에 열정적인 관리자라 할지라도 일을 통해 이익을 추구하는 사업가보다는 덜 열정적일 수밖에 없다. 성과에 관계없이 정해진 임금이 지급되기 때문에 지연느데 일에 대한 관심이 점점 줄어들기 때문이다. 반면 사업자에게는 일의 성공이 자신의 이익과 직결되기 때문에 감옥 공장이 수익을 내도록 최선의 노력을 다할 것이다. 이러한 논리로 벤담은 계약에 의한 방식을 선택해 추천한다.

사업자에 의한 관리는 감옥에서 이익이 발생하므로 유지 비용을 걱정할 필요가 없다. 또한 노동 자체가 지니는 가치만이 아니라 산업적 이익과 사회화 교육의 완벽한 결합을 이루어낼 수 있다. 그러나 일면 합리적으로 보이는 이 관리는 인간을 그 자체로서가 아니라 노동을 통해 생산하는 대상으로 간주하고 유용성의 전제하에서만 바라본다. 이런 관점은 벤담이 감옥 내에서 적용하려 했던 생명 보험의 사례에서도 드러난다. 이 보험은 한 해 동안의 사망 수감자 수를 예상해 1인당 정해진 보험금을 국가가 사업자에게 미리 지불한 후,

연말에 실제로 사망한 사람 수만큼의 금액을 돌려받는다. 사업가가 생존 환경을 위해 꾸준히 노력해 사망자를 줄인다면 돈을 더 벌게 되는 셈이다. 즉 사적 이익과 수감자의 생명 보존을 연결한 것이다. 이런 점에서 볼 때 벤담이 공리주의의 입장에서 행복 역시 산술적으로 계산 가능하다고 여겼으며 결국 인간의 모든 가치를 파악할 수 있다고 생각했다는 것을 알 수 있다.

(5) 파놉티콘에서의 노동

그렇다면 어떤 노동을 해야 하는가? 벤담은 감옥에서 피해야 할 노동의 예로 하워드가 제기한 돌 나르기를 든다. 그는 이것이 교화의 수단이 될지는 몰라도 유용성이 없는 행위라며 비판한다. 그리고 노동의 종류를 선택하는 데 있어서도 역시 자유방임의 자본주의 논리에 따른 사업자의 선택을 신뢰한다.

수감자들을 고용하는 사업자에게 노동의 종류를 강요할 필요는 없다. 왜냐하면 이들의 이익은 분명 가장 많은 이득을 얻을 수 있는 방법을 발견하는 것에서 좌우되기 때문이다. 만일 법률이 간섭하려 든다면 일을 그르치기 마련이다. 혹시라도 적은 이익을 내는 것을 명령한다면 규정이 위험해지며, 가장 이익이 많은 사업을 명령한다면 규정이 쓸데없는 것이 된다.

게다가 올해 가장 유리한 사업이 어쩌면 내년에는 존재하지 않을 수도 있다. 끊임없이 변화하는 산업이나 필요한 이익을 노리는 인간의 본성을 법으로 규정하는 것만큼 불합리한 것은 없다.(52~53쪽)

벤담은 어떤 노동이 유용한지는 구체적으로 말하지 않지만 어떻게 노동하게 할지에 대해서는 의견을 제시한다. 일요일을 제외한 날에는 하루 종일 여가 없이 노동을 지속하는, 움직이지 않고 근면히게 일하는 방식을 추천하되, 번갈아 가면서 사람을 운용하기를 권한다. 왜냐하면 교대 업무를 통해 우울함을 제거함으로써 휴식과 노동의 이중 목적을 이룰 수 있기 때문이다. 벤담은 심지어 건강을 위한 야외 운동도 노동과 결합해 유용성을 향상시키려 했다. 즉 벤담에 의해 제기된 커다란 바퀴 장치는 한 명이나 여러 사람의 힘으로 움직일 수 있으며 수많은 기계적 목적에 따라 개개인의 힘을 적당하게 조절해 수시로 사용할 수 있다. 어떠한 경우도 헛된 여가는 없다.

벤담은 노동과 시간 가치에 윤리를 결합해, 노동하지 않는 잃어버린 시간에 대해 강박관념을 가졌다. 축제일이 너무 많은 것을 유감스러워했으며 휴식은 빈 시간에 한해 엄격하게 제한했다. 예를 들어 깨어 있으면서도 침대에서 시간을 허비해서는 안 되며, 침대는 단지 원기를 회복하는 수면 시간에

만 사용해야 한다. 즉 벤담에게 노동하지 않는 순간은 건강이나 위생 면에서 생산적인 신체를 유지하기 위한 시간이었던 것이다.

(6) 벤담식 유용성과 행복

공리주의는 유용성에 매우 큰 가치를 부여한다. 유용성은 결과를 중심으로 판단되므로 과정에 대해서는 그다지 의미를 부여하지 않는데, 이것은 공리주의의 한계이기도 한다. 파놉티콘에서도 이러한 한계가 여러 곳에서 드러난다. 대표적인 것이 바로 상호 책임의 명분하에 이루어지는 상호 감시 방식의 도입이다. 중앙 감시와 함께 수감자 서로가 서로를 감시하게 함으로써 완벽한 통제 공간을 실현하려는 것이다. 앞서 수감자를 두서너 명씩 분할했던 것도, 서로를 감시하는 단위로 적합하기 때문이다. 작은 사회 그러나 서로 감시하는 사회, 이 사이에서 벤담이 기대했던 위안이나 우정이 가능할까?

또한 그는 석방한 자들에게도 파놉티콘의 유용성을 지속적으로 이어가려 했다. 일차적으로는 석방한 자들을 군대에 보내거나 보증인의 책임하에 관리하게 하지만, 이것이 불가능할 경우를 대비해 파놉티콘 원리에 기초한 보조 시설을 만들려고 했다. 벤담은, 이곳의 거주자에게는 더 이상 모욕적인 표식이 없고, 결혼을 할 수 있는 등 보통의 노동자들과 거의 동등하다고 말한다. 그러나 이는 독신자에게는 정숙함을 기혼자에게는 충실함을 요구하며 음주벽을 제거하려는 의도를 지닌, 여전히 통제에 기초하는 파놉티콘이다. 따라서 "이 시설은 신에 대한 맹세가 없다는 차이만 있을 뿐 정해진 규칙을 따르는 수도원"(66~67쪽)인 셈이다.

물론 이러한 시설을 하나의 일반 사회 모델로 간주할 수 있다. 이를 통해 벤담이 바라는 사회의 모습을 유추하는 것은 그다지 어렵지 않다. 이익의 만유인력을 구체화하기 위해서 일상의 세부까지 파악하려는 파놉티콘 원리가 장악한 사회, 즉 모든 것을 완벽하게 파악할 수 있으며 노동과 이익을 위한 유용성이 중심이 되는 '완전한 통제 사회'다. 이런 사회에서 인간은 진정 행복할 수 있는가?

5. 파놉티콘과 푸코의 해석

(1) 실패한 파놉티콘의 의미

프랑스 철학자 푸코에 의해 해석된 파놉티콘은 마치 19세기 근대 사회의 원리가 숨겨진 비밀의 방으로 들어가는 열쇠 같다. 푸코가 파놉티콘을 통해 드러내고자 하는 것은 근대 감옥의 탄생 과정에서 나타나는 겹겹이 싸인 층위 중 가장 아래에 있지만 쉽사리 확인할 수 없는 것이며 형태는 없지만 실체는 있는 것이다. 그래서 파놉티콘에 대한 오해가 생겨난다. 파놉티콘을 근대 감옥의 원형이나 모델로 보거나, 절대적 고립 시스템으로 이해하는 것은 분명 오해의 산물이다.

그렇다면 푸코는 왜 근대 초기 주된 감금 처벌의 원리인 펜실베이니아 시스템이나 어번 시스템이 아닌 파놉티콘에 관심을 가졌는가? 그리고 무엇을 중요하게 다루었는가?

1978년에 있었던 역사학자들과의 토론회[61]에서 파놉티콘 연구의 의도와 목적을 설명하면서 푸코는 자신이 기존의 역사학자들과 다른 접근 방식을 가진다는 것을 보여준다. 그에게는 파놉티콘이 실현되지 않았기 때문에 오히려 더 중요하다.

푸코가 추구하는 기존의 역사에 대한 접근과 다른 고유한 접근 방식[62]이란, 역사의 전체성을 드러내거나 일반화하는 것이 아니라, 역사에서의 '사건'을 다룬다는 것을 의미한다. 이는 역사 속에서 명백한 단절이 되는 사건을 다루는 것으로, 그가 칭한 '사건화'의 방식에서 인과관계를 벗어나 연구한다는 것을 의미한다(반대로 현대 역사학자들은 '탈사건화' 해왔다). 18세기 말에 갑작스레 생겨나 현재까지 이어지는 근대적 감금 처벌 제도는 18세기 초에는 전혀 생각하지도 않았던 하나의 사건인 것이다. 그가 감옥을 선택한 것은 이러한 불연속성에서 출발한다.[63]

푸코에게 파놉티콘은 감옥의 완벽하고 이상적인 계획안

임에도 실현되지 않았기 때문에 연구 대상으로 적절한 것이 아니라, 오히려 중단된 프로그램이기 때문에 연구 대상으로서 이상적이다. 하나의 계획된 프로그램이 제도 내에서 완벽하게 실행되는 것은 불가능하다. 현실을 거치면서 수많은 부분이 수정되고 첨가되면서 예상했던 대로 진행되지 않기 때문이다. 중단된 상태의 "프로그램은 실제로 실행된 것보다 훨씬 더 일반적이며 합리적 형태에 속한다".

푸코는 파놉티콘이 19세기 감옥의 진정한 생활을 반영하지 못한다는 것은 분명하며, 감옥에 관해 실현된 역사를 보려 했다면 벤담의 주장을 살피지는 않았을 것이라고 말한다. "실현된 감옥은 두껍고 무거우며 폐쇄되고 어두운 현실 상태를 계속 고려해 다양한 전략과 전술 속에서 세워진다." 그런데 "실제 모습이 이론가들의 형식이나 도식이 아니라는 것이, 이 도식들이 이상적이거나 가상적이라는 점을 말하는 것은 아니다. 오히려 이러한 것은 [거추장스러운 것이 포함되지 않아서] 현실을 잘 축약한 것이다". 하나의 감옥이 현실화되려면 많은 것이 요구되며 상황에 따라 계획안에 포함되어 있지 않던 장치들이 삽입되어야 한다.[64] 즉 현실화된 감옥은 다양한 내용이 반영된 것이어서 전략이 잘 드러나지 않는다. 그런데 실행되지 않은 파놉티콘은 상대적으로 숨겨진 내용 즉 합리성과, 이를 위해 필요한 실행의 기술, 프로그램과 공간 구성을 가장 명료하게 드러냈다. 푸코는 이를 통해 근대 감금 처벌에서 찾은 합리성이 즉각적 이익의 계산에서 나온 결과가 아니라는 것을 보여주려고 했다.

18세기 말과 19세기 초에 유럽에서는 새로운 형법이 만들어지면서 감금이 주된 처벌 양식으로 정착되어간다. 푸코의 관심은 여기에서 시작된다. "왜 감옥이고 비난받은 감금을 다시 이용하는가?"[65] 당대의 많은 사람들에게 감옥은 이미 범죄의 소굴로 인식되었고, 감금 처벌 시스템에는 비용도 많이 든다. 그럼에도 경제적 합리성을 추구하는 시대에 감금 시스템이 채택된 데는 이런 부담을 상쇄할 만한 이점이 있었을 것이다.

신체형의 소멸과 감금 처벌은 널리 일반적으로 알려진 바처럼 인간화의 결과인가? 혹은 근대 감옥을 문명사회의 형벌이라 부를 수 있는가? 형벌을 정확하게 수량화해 같은 범죄를 저지른 죄인에게 신분에 관계없이 동일한 형량을 부과한다는 점에서 감금 처벌이 '평등주의적' 처벌임은 분명하다. 그러나 근대 인권의 발견을 통해 끔찍한 처벌에서 인간적인 처벌로의 이행이 가능하게 되었다는 논리는 표면적인 것에 불과하다. 이러한 변화와 이에 수반된 많은 다른 내용, 교정에 관한 법률적 규정이나 일과 시간에 대한 엄격한 통제를 어떻게 볼 것인가? 감옥은 먼저 교정이라는 기능을 통해 자유를 박탈하는 것이 아니라 처음부터 교정이라는 목표를 내세워 개인의 내면을 변화시키고자 했다. 이러한 의미에서 근대 감옥에서의 "노동은 이윤도 아니고 더구나 유익한 능력의 양성도 아니다. 그것은 권력 관계, 계산되지 않는 경제적 양식, 개인의 복종과 생산 도구에의 적응에 대한 도식의 구성이다".66

(2) 근대 권력과 파놉티콘

푸코에게 파놉티콘은 근대 '권력'을 아주 잘 설명해주는 장치다. 파놉티콘을 통해 이전 시대와는 다른 새로운 권력 행사 방식의 등장을 읽을 수 있기 때문이다. 그렇다면 푸코에 의해 정의된 '권력'이란 무엇이며 파놉티콘에서는 어떻게 행사되는가?

파놉티콘 내에서 드러나는 푸코의 권력의 개념은 다음의 두 가지로 거칠게 요약할 수 있다. 첫 번째로 권력은 소유하는 것이 아니라 '작용'한다.67 두 번째로 권력은 억압하는 것이 아니라 '생산'하는 것이다.68

파놉티콘에서 권력은 권력을 소유한 감시자 혹은 사법권자와 피권력자인 수감자의 관계로 보는 것은 적절하지 않다. 그보다는 시각적인 봄-보임의 불평등을 통해 규율의 내면화를 이루게 하는 그 작용 자체가 권력의 특성이며, 과거의 보여주기 위한 공개 처형 같은 가시적이고 드러나는 권력의 작용이 아니라 은밀하고 숨겨지면서 자신도 모르게 새로운 권력망에 있게 되는 것이 근대에 나타나는 권력 작용의 방식이다. 또한 과시하며 드러내는 것이 아니라 각 대상자의 신체를 대상으로 작용한다는 의미에서 생체권력bio-pouvoir이라고 부를 수 있다.

한편 권력은 신체를 억압하면서 작용하는 것이 아니라 특정한 방식으로 사람을 변화시키려 한다는 점에서 생산하는 것이다. 파놉티콘의 공간적인 주요 원리를 수용실과 감시탑이라 했을 때, 수용실(2~4명을 수용한다 할지라도)은 각 수감자를 공간적으로 분리함으로써 권력이 작용하게 하는 전제조건이 된다. 개인별로 나눔으로써 '파악할 수 있는 신체'로 단위화하는 것이다. 그리고 파놉티즘의 작동은 자기 감시 메커니즘의 내면화를 통해 '순종적인 신체' 혹은 규칙에 따르는 신체를 만든다.

게다가 벤담이 강조한 노동 분업은 '신체의 기능적인 축소'를 이루게 함으로써 이 건물에서 성취하고자 하는 목적인 노동에 익숙해진, 쓸모 있는 인간을 형성할 수 있다. 결국 '유용한 신체'를 생산하는 것이다. 파놉티콘에서 노동의 경제적인 효과를 낳는다는 것은 직접적인 수익이라기보다는 산업사회의 일반적인 규준에 따라 개인을 생산한다는 의미이다. 따라서 감옥의 노동은 새로운 인간을 만드는 종교여야 한다. 당대에 일반 노동자의 직장을 빼앗는다는 반대에도 감옥에서 노동이 유지되었던 것은 이 노동의 정신적, 육체적인 효과 때문이다. 즉 감옥 안에서 수감자는 새로운 권력 시스템에 적응된 후 사회로 복귀하는 것이다.

이러한 내용을 가능하게 한 배경으로 당시 새롭게 발명되어 진리 담론을 형성한 인간학을 살펴볼 필요가 있다. 특히 범죄학이나 통계학, 교육학, 심리학 등은 인간을 파악하려는 시도이자 나아가 새로운 인간을 만든다는 의도를 지닌다. 근대의 군대, 공장, 학교 등은 동일한 방식으로 작동하지는 않지만 각 상황에서 규율화된 근대인을 만들려는 노력을 보여준다. 이러한 근대적 합리성에 의한 전략은 모든 곳에 적용되지만 숨겨져 있어 발견하기 어렵다. 벤담의 파놉티콘은 가장 종합적으로 가장 가시적으로 이 의도를 드러내는 시설이다. 만일 그의 파놉티콘이 단일한 목적, 즉 감옥만 염두에 두었다면 근대 합리성의 일반성을 드러내기 무척 힘들었을 것이다.

6. 파놉티즘과 새로운 권력 장치

벤담의 《파놉티콘》은 다음과 같이 끝맺는다. "마지막으로 이 원리는 다행스럽게도 학교나 병영, 즉 한 사람이 다수를 감독하는 일을 맡는 경우에 모두 적용할 수 있다. 파놉티콘 장치를 통해 단 한 사람에 의한 용의주도함의 이점은 다른 체계에서 사용하는 수많은 사람들의 성실함보다 더 나은 성

공을 보장한다."(70쪽)

일상에서 종종 파놉티콘과 비교되는 사례가 바로 학교다. 대개의 학교는 기본적으로 원형이 아닌 직사각형이며 건물 전체를 볼 수 있는 감시의 중심이 없으므로, 파놉티즘 원리를 완전하게 실행할 수는 없다. 그러나 학교 전체가 아닌 교실 단위를 살펴보면 시각을 통한 효율적인 통제가 이루어져, 푸코가 언급하는 규율 작용과 완벽하게 일치한다.

일제 강점기에 학교 평면이 규격화되면서 각 교실이 하나의 단위를 이루어 하나의 파놉티콘과 같은 역할을 하게 되었다. 또한 다른 나라에는 보편화되지 않은 거대한 운동장은 일제 강점기부터 있었던 조회 시간을 통해 제한적이지만 전체적인 파놉티즘을 가능하게 하는 공간 장치다. 공간적인 의미에서 파놉티즘 혹은 근대 권력 장치로서의 공간 배치는 각상황에 맞추어 세분화 혹은 정착화되기 때문에 가시적인 통일된 형태를 지니지는 않지만 학교의 사례에서 드러나는 것처럼 계속해서 작동하고 있다.

근대를 시작으로 많은 기술적 진보가 축적되어왔다. 특히 카메라의 등장으로 인한, 완벽하게 보이지 않으면서 전지전능한 눈의 통제 권력은 언뜻 보아 파놉티즘과 건축적 형태를 자유롭게 분리시키는 듯 보인다.[69] 그리고 새로운 기술의 등장은 권력 장치에 있어서도 새로운 방식의 진화를 예고한다. 마치 벤담에서 오웰George Owell로처럼.[70]

파놉티콘에서 찾아내는 것은 감시만은 아니다. 은밀하게 이루어지는 감시로 인해 내면화가 일어난다는 것은 결국 사회에 익숙해지는 방식이다. 만일 현대 문명과 격리되어 살아온 사람이 갑자기 서울 한복판에 살아야 할 경우, 적응하는 데는 많은 시간과 노력이 필요할 것이다. 그는 사회의 복잡한 관계망에 삽입되지 않은 모래알 같은 상태에서 하나 둘씩 복잡한 사회 구조에 익숙해지게 될 것이며, 마치 복잡한 기술을 배우는 것과 같을 것이다. 그럼 이렇게 적응이 필요한 우리시대의 생활양식은 어떤 것이며 어디에서 온 것일까? 우리는 우리 삶에 어떻게 익숙해져가는가? 익숙해진다는 것은 과연 바람직한가? 이 질문의 출발점으로 파놉티콘을 선택하는 것은 그리 나쁘지 않을 것이다.

추적하는 것이 불가능할 정도로 많은 길이 파놉티콘의 심장을 가로지르고 있다. 파놉티콘이 확장해가는 지적 영역은 매우 방대하다. 이미 푸코라는 프리즘이 파놉티콘의 다양한 형태를 드러냈지만, 앞으로도 각각의 빛은 계속해서 더욱더 분화되거나 다른 색과 결합해 확장할 것이다.

1 프랑스어로는 파놉티크Panoptique로 발음하지만 여기서는 벤담Jer-
emy Bentham이 쓰고 널리 알려진 파놉티콘Panopticon으로 표기한다.
어원은 그리스어로 '모두'를 뜻하는 'pan'과 '본다'는 뜻의 'opticon'
을 합성한 것이다. 일반적으로 판옵티콘으로 알려져 있으며 이 발
음이 의미를 충분히 분절(판+옵티콘)하기는 하지만, 이 책에서는
외래어 표기 규정에 따라 '파놉티콘'으로 한다.

2 《파놉티콘*Panopticon*》을 프랑스어로 요약한 사람은 벤담의 친구 뒤
몽Etienne Dumont(1759~1829)이다. 그는 프랑스 대혁명의 중심인물
중 한 명인 미라보Honoré Mirabeau 백작의 비서로 활동하기도 했으
며, 이 글 외에도 벤담의 여러 저작을 프랑스에 소개했다.

3 퐁트넬Bernard Le Bovier, sieur de Fontenelle(1657~1757)은 계몽 사상가
이자 문학가였고 과학 사상의 보급자로서 널리 알려졌다. 특히《세
계 다수문답*Entretiens sur la pluralité des mondes*》은 널리 알려져 벤담이
활동하던 시기에 많이 읽혔다.

4 뒤몽이 벤담의 수기를 모아 번역, 출간한《민법과 형법 제정론*Traités
de législation civile et pénale*》에 수록된《파놉티콘》의 1802년 판본에는
다음과 같은 짤막한 글이 추가되어 있다. "수감자들을 좀 더 안전하
게 하되 경제적으로 수감하고 동시에 올바른 행동을 하도록 하며

석방 후에는 실속적인 것을 제공하는, 새로운 방식으로 정신적인 개혁을 하기 위해 제안된 시설."

5 이 글은 프랑스 의회에서 소개되는 글이기에 원래는 존칭을 사용했으나 이 책에서는 독자의 이해를 돕기 위해 예사말로 바꾼다.

6 하워드John Howard(1726~1790)는 영국과 유럽 감옥의 비인간적인 처우나 시설을 고발한 영국의 박애주의자로, 계몽주의 시대의 대표적인 감옥 개혁 운동 선구자 중 한 사람이다. 대표 저작은 《영국과 웨일스의 감옥 상태 그리고 몇몇 외국 감옥과 병원의 사전조사와 통계 *The State of Prison in England and Wales, with Prelimi-nary Observations and an Account of some foreign Prisons and Hospitals*》가 있다.

7 'maison de pénitence'를 그대로 옮기면 '속죄의 집'인데 이는 결국 감옥을 의미하므로 오해를 피하기 위해 감옥으로 표기한다. 프랑스어 'pénitence(영어 penitence)'는 '회개' 혹은 '고해'라는 의미가 있으며 후에 감화원pénitencier이나 감옥 건축architecture pénitentiaire 같은 표현으로 확장된다.

8 '수용실'은 영어로는 'cell', 프랑스어로는 'cellule'다. 일반적으로는 혼자 쓰는 수용실(독거 감방)을 의미하지만 여기서는 꼭 그렇지만은 않다. 특히 이 책의 뒷부분을 보면 벤담은 절대 고립을 이야기하는 개인 감방 대신에 몇몇(2~4명)이 같이 거주하는 공간에도 이 단어를 사용한다.

9 하위 감독관이나 하급 관리원은 수용실이 있는 건물에서 수감자들을 직접 상대하는 관리(특히 간수)를 가리킨다.

10 벤담이 이야기하는 쿡 선장은 쿡James Cook(1728~1779)을 가리키는 것으로 보인다. 그는 유럽인으로는 최초로 오스트레일리아, 누벨칼레도니, 사우스샌드위치, 하와이 등의 섬에 상륙했다. 벤담은 쿡 선장의 항해에서 사망자가 무척 적었다는 점을 강조한다[Jeremy

Bentham, *Panopitcon Postscript, Part 1*, John Bowring (ed.), *The Works of Jeremy Bentham*, vol. 4(Edinburgh : Toem-mes Press, 1995), 121쪽]. 한편 오스트레일리아는 벤담이 파놉티콘을 발표하기 10여 년 전부터 미국을 대신해 범죄자를 유배한 곳이다. 자세한 내용은 해제를 참조하라.

11 당시 널리 알려진 네덜란드 감옥인 스피니우스Sphinius(방적 공장 감옥)와 라스피우스Rasphius(연마 공장 감옥)를 염두에 둔 것으로 보인다.

12 건축 단위unité는 각 수용실의 크기를 같게 함으로써 건설을 용이하게 한다. 그뿐 아니라 이 글 뒷부분에서 다루는 것처럼 파놉티콘의 건축 설계도를 변형해 다른 용도, 즉 산업 주거 시설이나 병원을 세우는 경우에도 같은 규격을 적용할 수 있다(아울러 파놉티콘의 여러 가지 변화 과정이 드러나는 도면들을 비교해보기를 바란다). 건축사에 있어서 공간 단위화를 통한 건축의 산업 규격화나 모듈화는 근대 초기 건축의 중요한 특성 중 하나다. 그러나 이것이 구체화되어 중요하게 자리 잡은 것은 20세기 이후다.

13 이는 파놉티콘의 두 가지 영국판(더블린과 런던) 중 런던판에만 포함된《파놉티콘 추가본 1·2*Panopticon Postscript, Part 1·2*》를 가리킨다. 이 책은 건축가의 조언을 바탕으로 해서 건축 설비와 관련된 전문적인 내용을 자세하게 다루고 있으며 설명이 방대하다.

14 감금 자체가 처벌이 되는 것이 당시에는 큰 사건(해제에 설명한 푸코의 해석을 참조하라)이었다. 이전에 감금은 재판이나 형 집행을 위한 일종의 대기 상태로, 정치 사범을 대상으로 한 특별 정치 감옥을 제외하면 그 수감 기간은 무척 짧았다.

15 이 소제목은 1791년 판본에 있던 것이 아니라, 뒤몽이 벤담의 글을 모아 작성한《민법과 형법 제정론》에 수록된 것으로 1811년 판본

에서부터 추가된 것이다.

16 리브르livre는 영국의 파운드pound에 상응하는 프랑스의 화폐 단위였으며 프랑franc이라는 단위를 대신 쓰기도 했다. 1리브르는 은 1리브르(409그램)에 해당하는 가치를 지니며 20수sous나 240드니에 deniers로 환산된다. 앙시앵 레짐 때에는 그 가치가 일정하게 고정되지 않았다. 당시 리브르는 일반적으로 특정한 화폐를 지정하는 것이 아니라 화폐를 세는 가치 단위로 쓰이기도 했다.

17 '무리'는 영어 'company', 프랑스어의 'compagnie'를 옮긴 것이다. 개인별 수감을 통한 절대 고독과 대비되며 여럿이 함께 거주하고 작업할 수 있는 단위(2~4명)를 지칭한다. 함께 사는 사회 공동체의 가치를 배울 수 있는 방법으로 벤담이 비중 있게 다루는 것인데, 이러한 내용이 잘 알려지지 않아서 벤담이 완전한 개인 수용실(독방)을 주장한 것으로 종종 오해된다.

18 당시의 감옥은 채무자도 수감했는데 빚을 갚을 때까지 감옥에 있어야 했다.

19 기나피皮, quinquina는 키니네의 원료로 사용된다. 키니네는 말라리아의 특효약이지만 다량을 섭취할 경우 치명적인 부작용이 생긴다. 그리고 안티몬anitmoine은 과거 수도승들이 문둥병을 치료할 때 쓴 약이지만 독극물이 되기도 한다.

20 쾌락은 벤담에게 고통에 대비되는 개념으로 공리주의 철학에서 긍정적인 요소로 추구되어야 할 대상이다. 구체적인 설명은 해제를 참조하라.

21 20수는 1 리브르에 해당한다. 주 16을 참조하라.

22 프랑스의 왕 앙리 4세(1553~1610)는, 국민 개개인이 일주일에 닭고기 한 마리를 섭취하도록 하는 정책을 실시하면서 다음과 같이 말했다고 한다. "나의 왕국에서 모든 농부가 일요일마다 닭고기 요

리를 먹을 수 있기를 바란다."

23 이 기계 장치는 트레드밀treadmill을 염두에 둔 것으로 보인다. 트레드밀은 물레방아와 같은 커다란 바퀴 위에 사람이 올라서서 페달을 밟아 돌리는 기계 장치다. 오늘날 운동 기구인 러닝머신으로 변형되었다.

큐비트William Cubitt, 영국 브리스톤 감옥에 있는 트레드밀(1821)(런던 대학 소장)

24 길이의 옛 단위로 6피트, 약 1.949미터에 해당한다.

25 〈그림 2〉를 참조하라. 이 도면은 파놉티콘의 연장선에 있는 것으로, 벤담의 동생(새뮤얼 벤담Samuel Bentham)이 작성했다.

26 이 책 22쪽을 참조하라.

27 Michelle Perrot, "Inspecteur Bentham", *Les Ombres de l'histoire* (Paris : Flammarion, 2002), 71쪽에서 재인용.

28 푸코는 근대 감옥의 형태가 사법 기관의 외부에서 만들어졌다고 주장한다[미셸 푸코, 《감시와 처벌》, 오생근 옮김(나남, 2003), 333쪽]. 근본적으로는 푸코의 논의가 정확하지만, 그가 말하는 것처럼 그의 연구 방식은 모든 것을 다 살펴보는 것이 아니라 어떤 사건(감옥의

탄생)을 추적하기 위해 자료를 선택해서 본다는 점에 주의해야 한다. 좀 더 정확하게 본다면 강력한 처벌을 주장하는 전통적인 처벌관이 사라진 것은 아니다. 근대 감옥의 등장 시기에도 처벌에 대한 근대적 논리와 전통적 논리는 지속적으로 경쟁해서 감금과 더불어 오랫동안 엄격한 처벌이 공존했다. 한편 실제적으로 구빈원의 전통에 따른 근대 초기 감옥은 경범죄자를 대상으로 했지만 수감 기간이 짧아서 교화를 할 수 없었다. 이런 이유로 결국에는 중범죄자와 경범죄자에게 각각 다른 원리가 적용되었다(중범죄자에게는 노동에 기초한 국가가 운영하는 중앙감옥이, 경범죄자에게는 노동이 없이 수감만 되는 감옥에 수감된다. 이 두 방식은 나중에 다루게 될 미국에서 온 시스템인 어번 시스템과 펜실베이니아 시스템에 많은 영향을 받았다).

29 1778년 영국 의회에서 가톨릭 해방법이 통과되자 영국 국교도인 고든George Gordon(1751~1793) 경이 이끄는 프로테스탄트 협의회는 이에 반대하여 청원 행진을 하며 웨스트민스터 의사당을 포위했는데, 여기에 섞여 있던 다양한 불만을 가진 사람 중 일부가 폭도화해 대규모 폭동사태를 일으켰다. 이 와중에 뉴게이트 감옥이 습격을 받아 불에 탔으며 2,000명에 가까운 죄수들이 풀려났다.

30 유배의 방식은 결국 근본적인 문제 해결이 아니라 문제를 다른 곳으로 옮겨놓기만 한 것이었다. 유배자들이 도착한 오스트레일리아는 버려진 사람들이 있는 버려진 공간으로 인식됐다. 결국 80여 년에 걸쳐 16만여 명의 죄수를 받아들였던 이곳은 1840년부터 유배자 수를 줄이기 시작해 1868년에는 유배를 중단한다.

31 이 도면은 벤담이 자신의 글인 〈극빈자 분류표Pauper population table(1797년 8월 9일)〉에 재수록한 것으로, 이 책에 실린 〈그림 2〉를 참고하라(Jeremy Bentham, "Pauper Management Improved : Particularly

by Means of an Application of the Panopticon Principle of Construction˝, *The Works of Jeremy Bentham*, vol. 8). 그림은 제4권에서 찾을 수 있다.

32 뒤몽은《파놉티콘》뿐 아니라 벤담의 여러 글을 모아서 1811년《상벌론*Théorie des Peines et des Récompenses*》을 출간했다. 이 책은 1830년《처벌의 합리적 근거*The Rationale of Punishment*》로 영역되었다. 이 밖에도 벤담의 저서를 번역·재구성하는 일에서 그는 매우 중요한 역할을 했다.

33 프랑스 파훼법원tribunal de Cassation, 破毁法院은 프랑스 대혁명 후인 1790년에 설치된 것으로 입법부의 부설기관이다. 사건의 본안은 심리할 수 없으며 단지 법률 적용만을 감독했다. 최종고,《서양법제사》(박영사, 2003) 참고.

34 오해를 피하기 위해 벤담과 프랑스 혁명의 관계를 짚고 넘어가는 것이 좋을 것 같다. 자신의 이상을 실험하기를 열망했던 벤담은 프랑스 혁명을 통해 개방된 개혁의 가능성과 영국의 관습적 보수주의와는 상반되는 거대한 전환에 매혹되었다. 그래서 프랑스 제헌의회에 파놉티콘만이 아니라 사법 권력의 조직, 식민지 해방이나 이민에 관한 논평이나 조언을 담은 많은 편지를 보냈다. 그러나 그는 곧 자신이 이 혁명의 원리에 동의할 수 없다는 것을 알게 되었다. 왜냐하면 그는 자유와 평등을 믿지 않았다. '미국 독립선언'에도 호의적이지 않았던 그는 '프랑스 인권선언'을 무정부주의적 궤변으로 짜인 형이상학적 결과라고 비난했으며 '자연권'에 대한 생각은 사회계약설만큼 불합리하다고 보았다. 경제적으로는 이익에 대한 세금에까지 자유방임을 주장한 그였지만 정치적인 자유는 거의 허용하지 않았다. 결국 자유와 평등을 추구하는 헌법을 만들려는 프랑스 입법가들의 법률적 노력이 그에게는 헛된 것으로 보였다. 그러나 1791년의 의회는 실상 혁명주의자들의 것이 아니었다(바스티유 감

옥 공격으로 시작한 프랑스 혁명에 초기에 권력을 잡은 것은 보수적 성격을 지니고 입헌군주제를 지지했던 쾨양파club des feuillants였다. 1791년은 이들이 집권하고 있던 시기이며 1792년 이후에 이들은 지롱드파에게 권력을 뺏기게 된다). 국회는 벤담을 인정했다. 그는 다소 성향이 일치하지 않는 다양한 사람(예를 들면 미국 혁명과 프랑스 혁명에 적극적으로 참여한 작가 페인Thomas Payne이나 미국 건국의 아버지이며 초대 대통령인 워싱턴George Washington과 섞여 "자유, 인류애, 좋은 품성에 있어 훌륭한 행위를 하거나 글을 쓴 외국인 시민"이라고 언급되면서 프랑스 명예시민이 되었다.

35 Michelle Perrot, *Les ombres de l'histoire*, 84쪽에서 재인용.

36 다음을 참고하라. Jeremy Bentham, "Chrestomathia", *The Works of Jeremy Bentham*, vol. 8.

37 철과 유리를 본격적으로 사용한 것은 한참 나중의 일이다. 예를 들면 근대 건축사에서 철과 유리로 지어진 초창기의 대표적인 건축물인 크리스털 팰리스가 세워진 것은 1851년 만국박람회 때였다.

38 새로운 재료에 대한 연구에서 실천적이고 상세한 부분은 엔지니어이며 발명과 응용에 열정적이었던 동생 새뮤얼이 맡았다. 예를 들면 새뮤얼은 금속관 시스템을 사용해 먼 거리에 있는 하인들에게 지시를 내리기 위해 금속관 시스템을 사용하는 것을 본 후, 실험을 거쳐 이를 제안했다.

39 〈그림 9〉를 나중에 언급할 방사형 감옥인 강 감옥이나 라 프티 로케트 감옥, 밀뱅크 감옥과 비교해보기를 바란다.

40 해먼드C. H. Hammond가 설계한 스테이트빌 감옥이다(http:// prison. eu.org).

41 1772년에 다른 병원들을 모델로 삼아 처음 구상된 강 감옥의 도안은 흥미로운 사실을 보여준다. 한 건물에 범죄자, 거지, 여성 범죄

자, 남·여장학생, 실험실(약품 제조실), 자원봉사자, 은퇴자 등의 7
구역으로 나누어 수용한다. 그러나 우선 시급하게 건설된 감옥의
3구역(범죄자, 거지, 여성 범죄자)을 제외한 나머지 구역은 설립되
지 않았다. 감옥을 분리해야 한다는 논리가 등장하면서 종합 수용
의 의미가 사라진 것이다. 얼마 후 감옥 건물에는 공장이 들어서 공
장-감옥의 대명사가 되었다. 〈그림 10〉을 참고하라.

42 미셸 푸코,《감시와 처벌》, 299~300쪽. 베르사유의 동물원은 르 보
Louis Le Vau(1612~1670)가 1663~1665년에 건설했으며 총7개의
우리가 있다. 각각의 우리에는 가축, 독수리, 타조, 펠리컨, 기타 여
러 새, 암탉이 사육되었고, 한 칸에는 16세기에 유행한 연못이 있는
정원이 있었다. 1698년에 루이16세는 자신의 손녀에게 이 동물원
을 맡겼는데, 그녀는 건축가 망사르J. H. Mansart(1646~1708)에게 의
뢰해 이를 변형시켰다. 이 동물원의 동물들은 프랑스 혁명기에 파
리 동물원으로 옮겨졌고, 동물원은 20세기 초에 완전히 사라졌다.
화가 아벨린Pierre Aveline이 그린 다음 판화를 참고하라.

아벨린, 〈베르사유의 동물원〉(대영 도서관 소장)

43 르두Claude Nicolas Ledoux가 설계한 아르케 스낭에 대해서는 〈그림 11〉을 참고하라(http://www.salineroyale.com/).

44 벤담이 살던 시기에는 이른바 '말하는 건축Architecture parlante'이라 불리는 건축 사조가 감옥 건축에 큰 영향을 주고 있었다. 이는 18세기 건축가 불레Étienne-Louis Boullée나 앞에서 언급한 르두를 비롯하여 당대의 많은 건축가들이 열중한 건축의 흐름이다. 건축물의 외형에 각각의 건축이 지닌 속성이나 본질을 드러내고자 한 것이다. 특히 감옥 건축에서는 외형을 어둡고 무시무시하게 표현하여 수감자가 아니라 외부 사람들에게 감옥에 대한 두려움을 심어주어 범죄를 저지르지 않게 하려는 목적을 지니기도 한다.

45 벤담도 당시의 건축 경향에 영향을 받아 건축의 외부적 표상이 중요하다는 것을 인정한다. "이 용도에 적용된 건물들은 우선 감금, 공포의 생각을 부여하고 탈출의 모든 희망을 제거하며 '여기가 범죄의 집합지'라는 것을 말할 수 있는 특징을 가져야 한다." 특히 종신형의 감옥은 검게 칠해야 하며 "범죄의 다양한 표식을 추가해야 한다. 불량한 본능을 표현하는 호랑이, 뱀, 담비 장식을 할 필요가 있을 듯하다"[Jeremy Bentham, *Théorie des Peines et des Récompenses*, Etienne Dumont (ed.), vol. 1, 148쪽]. 그런데 이 다소 로마네스크적인 상징주의는 간단한 장식 이상의 의미를 지니지는 않았다. 한편 벤담이 일요일마다 파놉티콘에서 이루어지는 예배에 외부인을 참여하게 한 것은 죄인에게 자극을 주고 외부인에게는 죄를 저지르지 않게 하는, 일종의 극장 효과를 노린 것이다(28쪽).

46 다음 도면을 참고하라.

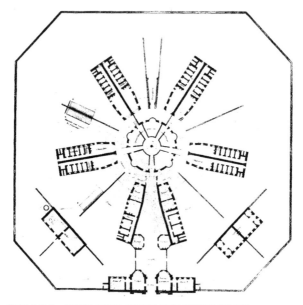

불러G. T. Bullar, 200명을 수감하는 감옥 혹은 교정의 집(대영 도서관 소장)

47 Jeremy Bentham, *Théorie des Peines et des Recompenses*, vol. 1, 203쪽. 이와 관련해 당시 만연해 있던 파놉티콘 비판 논리를 프랑스에서 최초의 감옥 건축 전문가로서 인정받고《감옥 건축도감*Architectonographie des prisons*》을 펴낸 발타르Louis Pierre Baltard의 관점을 통해 살펴보자. "……영국인들은 자신들의 건물[감옥]이 [파놉티콘처럼] 하나의 엔진에 종속되어 기계처럼 작동하기를 원한다. 그런데 기계 시스템이 지나치게 일반화될 때에는 사람들이나 국가는 혼란에 빠지게 된다. 적당하게 사용하면 다양한 좋은 결과를 얻을 수 있는 반면 지나치게 많은 곳에 사용하면 제대로 작용하지 않는다. 이는 마치 어떠

한 사물들이 볼록 유리의 집에 있을 때는 정확하게 잡을 수 있지만 보다 넓은 장소에서는 이 사물들이 멀어져서 희미해지고 변형되며 착오만을 일으키는 것과 마찬가지다".《감옥 건축도감》, 18쪽)

발타르에게 파놉티콘은 수감자의 행위를 볼 수 있는 볼록 유리의 집과 같다. 이 집의 규모가 작을 경우 안에 있는 수감자를 문제없이 관리할 수 있다. 하지만 너무 많은 곳에 적용해 규모가 커지면 볼록 유리가 심하게 왜곡되어 안에 있는 물건을 잡기 힘든 것처럼 수감자를 제대로 파악할 수 없을 뿐만 아니라 수감자들의 정신을 혼란스럽게 할 뿐이다. 따라서 박애주의자인 그는 중앙 탑의 위협보다 간수들을 잘 교육해 인간적으로 관리하는 것이 더 효과적이라고 보았다.

48 감옥 모델 콩쿠르의 〈1825년 2월 24의 회람Circulaire du 24 février 1825〉을 참조했다.

49 실제로 이 감옥은 파놉티즘의 영향만 받은 것은 아니다. 당시까지 존재하거나 알려진 다양한 유형이 결합된 감옥이라고 보는 것이 옳다. 즉 전통적인 중세식 성채 외형에 공동 노동을 강조하는 미국의 어번 시스템 또한 이곳에 적용되었다. 〈그림 12〉를 참고하라.

50 다른 것들보다 규모가 큰 밀뱅크 감옥의 중앙 감시는 상징적일 뿐이다. 6개의 오각형 건물이 감독관, 사제, 관리자들이 거주하는 정중앙의 육각형 건물과 연결되어 있으나, 이 중심 건물은 내부 구역 중 5개의 안마당과 단절되어 있어서 실질적인 중심 공간으로 기능하기가 어렵다. 한편 보리외 감옥은 건물 안에 중심 감시 공간을 삽입한 형태로 파놉티즘의 새로운 변형을 보여준다. 〈그림 13〉을 참고하라.

51 N.-P. Harou-Romain, *Projet de Pénitencier*(Caen : impr. de Le-saulnier, 1840).

52 건축가 푸생Henri Poussin이 1898년에 설계해 프랑스 파리 근교에 세운 프렌 감옥은 넓게 정착된 방사형 평면과 함께 현재에도 가장 널리 사용되는 평면이다. 〈그림 14〉를 참고하라.

53 방사형의 중심화된 감옥은 오늘날 대다수 감옥에 적용되었다. 이러한 감옥은 감시뿐 아니라 관리의 측면에서 매우 효율적인 공간 구조를 갖기 때문이다.

54 처벌의 경제성 논리의 출발점이라 할 수 있는 사람은 근대 최초의 사형 폐지론자이자 형법학자인 베카리아Cesare Beccaria(1738~1794)다. 그에 따르면 형벌 제도는 안전과 질서를 적절히 유지하는 선에서 형벌을 부과하는 데 목적이 있으며, 그 한계를 넘는 것은 법률의 횡포다. 벤담은 베카리아의 주장에 자신의 유용성의 원리를 더해, 모든 처벌은 고통을 수반하므로 "더 큰 악을 배제할 가망이 있는 한에서만" 사용해야 한다고 주장했다.

55 Michelle Perrot, *Les Ombres de l'histoire*, 98쪽에서 재인용.

56 벤담은 자신의 의붓 형제인 애벗Charles Abbot에게 보낸 1800년의 편지에서 인구 조사 방법을 설명하기도 했고, 콜쿤Patrick Colquhoun과의 공동 작업으로 런던 경찰이 심문 조사시 활용할 수 있는 분류 모델을 제공하기도 했다.

57 극빈자 분류표Pauper population table(1797년 8월 9일)를 보라. Jeremy Bentham, "Pauper Management Improved : Particularly by Means of an Application of the Panopticon Principle of Construction", *The Works of Jeremy Bentham*, vol. 8, 361쪽.

58 벤담이 애벗에게 보낸 편지를 보면 좀 더 확실하게 이해할 수 있다. "이성은 건강, 쾌락, 경제성만큼 도덕성(악과 무질서를 멀리하려는 노력)을 추구한다. 100명의 개개인 중에서 어떠한 종류의 일도 전혀 하지 못하는 사람은 한 명도 없다. 거대한 시스템에서 이익을 추

구할 수 없는 손가락이나 발의 움직임, 눈짓, 속삭임은 없다. 보는 것과 말하는 것만 할 수 있는 병석에 누운 환자라 할지라도 감시하는 데 이용할 수 있다. 장님일지라도 앉아 있을 수 있다면 뜨개질을 하거나 실을 잣는 일 등을 할 수 있다. 무능력은 상대적인 것이다." Michelle Perrot, *Les Ombres de l'histoire*, 96쪽에서 재인용.

59 이 미국 시스템들은 청교도주의의 흐름 속에서 엄격한 방식을 취하며 발전했다(미셸 푸코, 《감시와 처벌》, 189쪽).

60 푸코 역시 그의 저서에서 펜실베이니아 시스템과 어번 시스템의 차이를 간략하게 다루었다(미셸 푸코, 《감시와 처벌》, 342~345쪽). 한편 1835년에 출간된 《미국의 민주주의*De la Démocratie en Amérique*》로 널리 알려진 프랑스의 정치가 토크빌Alexis de Tocqueville은 친구 보봉 Élie de Beaumont과 함께 미국에 가서 감옥 제도를 연구하기도 했다. 이들이 소개한 미국 시스템은 프랑스에서 큰 자극이 되었다. 토크빌은 펜실베이니아 시스템 지지자의 핵심 인물이었다.

61 이 토론회의 결과물은 《불가능한 감옥*L'Impossible Prison : Recherches sur le systéme pènitentiaire au 19ème siècle*》에 포함되었다. 이 책은 역사학자 레오나르Jacques Léonard의 질문으로 시작해 푸코의 답변(이 글은 푸코의 저작 모음집 《말과 글*Dits et Écrits*》 제3권에도 실렸다), 토론 내용과 감금 시설에 대한 여러 역사학자의 연구들이 게재되어 있다.

62 기존 역사학과 푸코의 차이는 '서구 근대 역사'에 대한 접근 차이에 기원한다. 1978년에 열린 근대사를 연구하는 역사학자들과의 대담에서 푸코는 자신의 접근 방식에 대해 다음과 같이 설명한다. 역사학의 영역에서 일반적으로 연구하는 것은 "어떤 '기간'이나 적어도 주어진 기간 동안에 발생한 역사 [관계] 조직을 연구하는 것이다. 모든 연구 대상을 빠짐없이 다루는 것이며 조사 대상의 연대를 적절히 [균형 잡히게] 분할하는 것이 요구된다". 그리고 하나의 목적

을 부여해 주어질 수 있는 문제들에 대한 답을 찾아가려고 노력하
는 것이다. 반면 그가 다루고 싶어 하는 것은 "어떤 주어진 '순간에
나타난 문제'다. 이 문제는 "해결할 수 있게 해주는 요소들에 대한
분석에 초점을 맞추거나 해답을 가능하게 하는 [요소들을 가지고]
관계들의 수립"을 요구한다. 이 작업은 분명한 지점들에 따라 분해
하고 적당한 관계들에 따라서 확장한다. 결국 "한 문제를 다루고 그
것에서부터 문제의 해답을 찾기 위해 가로지르는 대상의 영역을 결
정한다는 데 있다". 역사학자들은 먼저 연구 주제를 가지고 기간을
정하고 철저한 연구를 통해 결과를 이끌어내는 반면, 푸코는 특정
한 사건을 중심으로 연관된 요소들을 추적하여 그 관계를 형성한
다. 따라서 주어진 기간에 대한 철저한 조사보다는 필요한 자료를
선택하는 것이 관건이다. 이렇게 나누어 구별한 푸코에 따르면 이
둘의 "차이는 두 직업, 즉 역사학자와 철학자[라는 진부한 대립]에
있다기보다 두 방법론의 차이에 있다. 결국 이는 케이크를 어떻게
나누느냐 하는 것과 관련되어 있다"[Michel Foucault, "La poussière
et le nuage", Michel Foucault·Michelle Perrot, *L'Impossible Prison* :
Recherches sur le système pénitentiaire au 19ème siècle(Paris : Éditions
du Seuil, 1980), 29~32쪽]. 이처럼 사건의 이면을 다루는 것은 "합
리성의 한 형태, 사고방식, 프로그램, 합리적이고 연계된 노력, 전체
적인 기술, 제한되고 추적된 목적, 목적에 도달하기 위한 도구……"
(Michel Foucault, "La poussière et le nuage", 34~35쪽) 등을 연구하는
것이다. 계보학이라고 명명된 이 방법론은 명쾌하게 드러나는 것이
아니며 역사학자들과 달리 목적에 도달할 수 없는 것을 다룬다.

63 Michel Foucault, "Table ronde du 20 mai 1978", Michel Foucault
·Michelle Perrot, *L'Impossible Prison : Recherches sur le système péni-
tentiaire au 19ème siècle*, 43~46쪽.

64 대표적인 것이 감옥 내의 위생에 관한 것이다. 실제로 이는 상당히
    오랫동안 감옥 건축에서 중심 주제이자 중요한 논리였다. 파놉티콘
    에서는 감옥 내에 산책 공간이 따로 마련되어 있지 않지만 다른 대
    부분의 건축물에는 산책 공간이 필수적이었다. 그리고 단기간에 많
    은 감옥을 건설해야 하는 상황에서 자본은 무시 못할 비중을 지녔
    다. 따라서 적은 자본으로 만들 수 있는 감옥 계획안이 관심을 받는
    것은 당연했다.

65 Michel Foucault, "La poussière et le nuage", 34쪽.

66 미셸 푸코, 《감시와 처벌》, 350쪽.

67 이는 간단치 않은 개념이다. 1978년 토론회에서 역사학자들의 주
    된 질문 중 이느 하나도 '누가 누구에게' 행하는기가 분명했는데,
    이는 권력 개념에 대한 이해 차이에 기인한다. 푸코에게 권력은 권
    력을 가진 주체가 드러나 있는 것이 아니라 '누가 누구에게' 사이
    를 가로질러 있는 권력 관계를 형성하는 망 그 자체였다. 그에 따르
    면 권력은 "제도나 구조가 아니며 어떤 사람에게 주어지는 권한도
    아니다. 그것은 한 사회의 복잡한 전략적인 상황에 붙여진 이름이
    다[Michel Foucault, *Histoire de la Sexualité*, vol. 1 (Paris : NRF Galli-
    mard, 1991), 123쪽]". 따라서 권력은 모든 곳에 존재하며 인간은 권
    력의 내부 즉 권력망 속에 자리 잡는 것이다. 권력이 소유하는 것이
    아니라 작용한다고 보는 것도 이와 같은 맥락에서 설명된다. 권력
    을 가진 자를 설정하거나 권력의 중심이 있다고 가정할 수는 없다.
    권력은 여러 권력 관계인 정치나 경제 관계 혹은 인간관계 안에 존
    재하는 것이다[양운덕, 《미셸 푸코》(살림, 2003), 23쪽].

68 권력에 대해 일반적으로 인간의 본능을 억압하고 제한하며 강요나
    강제를 통해 작용하는 것이라고 생각하기 쉽다. 그러나 푸코에 따
    르면 권력은 억압의 차원에서 머무는 것이 아니라 방향을 지어주는

생산적인 힘이다. 특히 권력은 항상 지식과 연계되어 정당하고 옳은 것이라 여겨지는 진리 담론을 상정해 따르게 한다. 예를 들면 성에 관한 억압 가설을 반박한다. 중세를 성에 대한 극단적인 금기로 가득한 시기라고 생각하지만 고해성사라는 장치를 통해 성에 관한 개인적인 내용을 드러내어 당시의 '올바른 성 논리'에 따라 조절했다. 또한 근대에 이르러서는 새로운 방식이 등장하고 근대 과학 특히 성과학은 금지라기보다는 진리라는 이름으로 방향을 잡는데, 예를 들면 '아이들에게 자위행위는 해롭다'는 금지를 위한 것이라기보다는 당시의 과학에 의해서 아이의 건강과 올바른 정신을 위한 것이라는 진리 담론을 드러낸다. 아주 단순화한다면 권력은 야생으로 존재하는 개개의 인간을, 진리 담론과 연결된 권력망 속에 삽입시켜 그 진리 담론을 따르는 사람으로 변화시키는 것이다. 푸코는 이를 생산한다고 한다.

69 실제로 현대 감옥은 여러 가지 공간 구조를 지니고 있다. 방사형, 전신주형 외에도 새로운 형태가 있다. 하지만 감옥은 단지 시각적 감시만을 위해 존재하는 것이 아니라 많은 고유한 기능을 포함하기 때문에 건축 형태도 기능에 따른 공간 구성에서 자유롭지 않다.

70 오웰George Owell의 소설《1984》는 전자 시대의 감시 문제나 전체주의 문제를 거론할 때 빠지지 않고 언급된다. 이 소설 속에서 한 국가의 정치 통제 기구인 당은 허구적 인물인 빅 브라더를 내세워 독재 권력의 극대화를 꾀하는 한편, 정치 체제를 항구적으로 유지하기 위해 텔레스크린, 사상경찰, 마이크로폰, 헬리콥터 등을 이용해 당원들의 사생활을 철저하게 감시한다. 특히 사상경찰은 어떠한 소리나 동작도 낱낱이 포착할 수 있는 텔레스크린으로 개개인을 감시하는데, 그럼에도 사람들은 오랜 세월 동안 이런 삶에 익숙해 있다. 이런 사회가 벤담이 바라던 사회가 아닐까?

뒤비, 조르주·아리에스, 필립 엮음, 《사생활의 역사 3·4》, 이영림·전수현 옮김(새물결, 2002)

널리 알려진 사생활의 역사 시리즈는 인간 사생활이 대민화고도 표준화되지 않은 주제를 가지고 로마 시대부터 현대에 이르기까지 통사적인 고찰을 시도하고 있다. 특히 3·4권은 이 책이 다루는 시기와 겹쳐 이 책의 내용을 더욱 깊이 이해할 수 있게 도와줄 것이다. 40여 명의 역사학의 대가들이 모여 10여 년간의 작업을 거쳐 완성한 것인 만큼 내용은 풍부하지만, 양이 너무 방대하므로 선택적으로 보는 것도 한 방법일 것이다.

세넷, 리차드 《살과 돌 —서구문명에서 육체와 도시》, 임동근 외 옮김(문화과학사, 1999)

인간과 공간에 대한 계보학적 관점에서 쓴 책으로 고대 그리스에서 현대에 이르기까지 사회적 변화 속에서 진행된 의식의 변화와 공간 형성 그리고 그 안에서의 신체의 문제를 다루고 있다. 특히 루이 16세의 처형 광경에서 공간의 의미를 다루는 것은 푸코가 《감시와 처벌》에서 '처형의 화려함'을 연구한 것과 비교해볼 수 있는 대목이다.

양운덕, 《미셸 푸코》(살림, 2003)

분량은 적지만 푸코의 《감시와 처벌》에서 《성의 역사 1》에 이르기까지 근대 권력의 문제와 근대 주체의 생산을 다루고 있다. 특히 이 책이 비껴간 철학 부분을 다루고 있어 읽기를 추천하는 바다. 이 방향으로 좀 더 깊게 나아갈 수 있는 시작점으로 적당한 책이다. 특히 해제의 권력 문제에 대한 부분은 이를 참고했다.

이진경, 《근대적 시공간의 탄생》(푸른숲, 1997)

현대 사회를 살아가는 우리의 삶을 조직하고 통제하는 조건으로 작용하는 근대적인 시간, 근대적인 공간에 대한 연구서라는 점에서 이 책과 주제를 같이하고 있다. 근대적인 시간·공간 개념의 탄생, 나아가 근대인들의 삶을 조직하고 통제하는 조건으로서 근대적인 시간과 공간을 거시적인 관점에서 다루고 있다. 근대의 새로운 공간을 발명하거나 드러내는 집, 학교, 공장 등 일상적 삶에서 우리가 '근대인'으로 적응하게 하는 배치를 보여준다.

최정기, 《감금의 정치》(책세상, 2005)

저자는 정치와 감금의 관계를 보다 직접적으로 다루고 있다. 옮긴이와 같은 관점으로 접근한 것은 아니지만, 한국 근대 역사에서 감금(예를 들면 나병 환자를 모아둔 소록도)이 어떻게 형성되어왔는지를 전반적으로 살필 수 있다. 제목에서 알 수 있듯이 정치적인 문제에서 감금을 어떻게 다루어왔는지 살필 수 있는 흥미로운 책이다.

푸코, 미셸, 《감시와 처벌》, 오생근 옮김(나남, 1994)

이 책에서 푸코는 파놉티콘을 재해석하여 세상에 새롭게 드러내면서 무척 다루기 힘든 내용을 방대한 역사자료를 통해 서술한다. '감옥의 역사'

라는 부제처럼 근대 전체를 관통하는 감금 처벌의 문제와 그 이면의 모습을 드러내면서 이를 통해 근대 이후의 인간의 역사와 사회에 대한 근본적인 문제제기를 한다. 다소 생소한 철학적 관점으로 그리 자주 다루지 않는 감금의 역사를 재해석한 내용이라서 쉽게 읽히지는 않지만 현대 우리를 얽매고 있는 굴레를 깨닫게 해준다는 점에서 필독서로서 가장 먼저 추천한다.

푸코, 미셸, 《광기의 역사》, 이규현 옮김(나남, 2003)

이 책은 중세에서 19세기까지 감금되는 광기에 관한 이야기로, 버려지고 숨겨져 있던 역사를 찾아서 그 뒤에 감추어져 있던 광기가 어떠한 논리로 어떠한 방식으로 다루어져왔는지를 알려준다. 푸코의 초기 연구 저작으로 박사 학위논문이기도 한 이 저서가 최근에 완역판으로 나온 것은 무척 고무적인 일이다.

홍성욱, 《파놉티콘—정보사회 정보감옥》(책세상, 2002)

이 책은 벤담의 파놉티콘에서 출발해 여러 내용을 가로지르고 있다. 공장의 파놉티콘, 전자·정보의 파놉티즘 그리고 이들과 벤담의 공통점과 차이점도 간략히 다룬다. 파놉티즘이 현대에 어떻게 나타나며 어디에 숨어 있으며 어떻게 작동하는지를 설명하고 있어 현대 사회에서 파놉티즘이 어떠한 의미를 지닐 수 있는지를 알게 해준다.

Jeremy Bentham, The Works of Jeremy Bentham, 13vols., John Bowring (ed.) (Edinburgh : Toemmes Press, 1995)

부지런한 삶을 살아서인지 벤담의 작업은 엄청나다. 보링은 벤담의 저작을 13권으로 모아 두었는데, 이 중 제4권은 파놉티콘에 대해 다루고 있다. 제8권에서는 파놉티콘의 확장 모델로서 관심을 가졌던 교육 시설인 크레스토마시아에 대한 자세한 설명을 볼 수 있다.

Michelle Perrot·Michel Foucault, *L'Impossible Prison : Recherches sur le système pénitentiaire au 19ème siècle*(Paris : Éditions du Seuil, 1980)

《감시와 처벌》이 출간된 지 3년 후, 푸코 작업의 고유한 연구 방식을 그리 탐탁지 않게 여겼던 역사학자들과의 토론과 논쟁들을 정리하여 책으로 출간한 것이다. 역사학자 레오나르Jacques Léonard의 날카로운 질문과 그에 대한 푸코의 답변은 그의 관점을 정확하게 알려준다. 마지막에는 감금 시설에 대한 역사학자들의 연구들이 실려 있다.

Robin Evans, *The Fabrication of Virtue : English Prison Architecture, 1750 ~1840*(Cambridge : Cambridge univ. press, 1982)

건축학자 에반스Robin Evans는 파놉티콘에 대한 벤담의 초안들을 거의 모두 찾아내 연구하고 있다. 파놉티콘의 여러 도면들을 살펴보는 데 그의 도움을 많이 받았다. 특히 이 책은 영국의 근대 감옥의 발생 과정과 건축적 공간 구성 변화를 자세하게 다루고 있다.

옮긴이에 대하여

신건수 ttanc@naver.com

마을에서 떨어진 외딴집에서 태어나 자란 탓에 소극적인 어린 시절을 보냈다. 초등학교 5학년 때 땅콩 농장에서 일을 해 처음으로 노동의 대가를 받은 기억이 있다. 어릴 때부터 농사일과 함께 간간이 목수일을 하던 아버지를 보면서 막연하게 건축을 전공으로 선택하고 경기대에 들어갔다. 하지만 곧 시작한 야학 교사 활동을 전공보다 더 열심히 했던 것 같다. 야학에서 사람들이 지닌 품성이나 의식은 변화하기 어렵다는 것을 알았으며, 그것이 어떻게 형성되는지에 대해 지속적으로 관심을 갖기 시작했다. 그러던 중에 명목상 전공이었던 건축이 개개인의 삶에 여러 가지 방식으로 결합한다는 사실을 알게 되면서 건축 공부에 관심을 가지게 됐다. 특히 미셸 푸코와의 만남은 이 주제에 대해 더욱 깊이 생각하게 하는 계기를 주었다.

대학원에서 좀 더 구체적으로 건축과 인간의 관계를 알아보고자 한양대 대학원에서 한국 근대성의 범주에서 건축을 연구했다. 그 이후 프랑스로 유학을 떠나 자신이 중단한 지점을 다른 사람이 이어가기를 바란 푸코의 뜻에 따라 그의 연구, 특히 《감시와 처벌》을 건축학적인 방식으로 연구했다. 프랑스 정부 연구 지원금을 받아 국립 파리 말라케 고등건축학교Ecole nationale supérieure d'architecture Paris-Malaquais에서 연구를 마쳤으며 파리 에스트 대학 Université de Paris-Est에서 〈제러미 벤담의 파놉티콘과 미셸 푸코의 파놉티즘〉으로 박사 학위를 취득했다. 한양대학교 연구교수를 거쳐 현재 경남대학교 건축학부 교수로 재직 중이다.

파놉티콘

초판 1쇄 펴낸날 | 2007년 7월 30일
초판 11쇄 펴낸날 | 2017년 5월 25일
개정 1판 1쇄 펴낸날 | 2019년 10월 30일
개정 1판 2쇄 펴낸날 | 2022년 10월 4일

지은이 제러미 벤담
옮긴이 신건수

펴낸이 김현태
펴낸곳 책세상
등록 1975년 5월 21일 제2017-000226호
주소 서울시 마포구 잔다리로 62-1, 3층(04031)
전화 02-704-1251
팩스 02-719-1258
이메일 editor@chaeksesang.com
광고·제휴 문의 creator@chaeksesang.com
홈페이지 chaeksesang.com
페이스북 /chaeksesang   **트위터** @chaeksesang
인스타그램 @chaeksesang   **네이버포스트** bkworldpub

ISBN 979-11-5931-382-0 04080
        979-11-5931-221-2 (세트)

책세상문고 · 고전의 세계

책세상문고·고전의 세계